生きる力の基礎を育む保育の実践

事例❖本吉圓子
解説❖無藤　隆

萌文書林

まえがき

平成十二年四月から改定施行された幼稚園教育要領には、「幼稚園教育の目標」のなかに、「幼稚園は、……幼稚園生活を通して、生きる力の基礎を育成するよう……努めなければならない」と記され、また保育所保育指針にも、同様の主旨が「総則」のなかで述べられています。そのためもあり、昨今、講演会や学習会の場でも「子どもたちが生きる力の基礎を培っていくためには、どのような保育実践が必要なのか」という質問をされることが大変多くなってきています。

保育に携わる者の間では、幼児期に人としての生きる力の基礎を育むことの重要性は幼児教育のベースとして、すでに久しく重要な課題として考えられ取り組まれてきたことです。私はその種の質問を受けたときには、私たちが今まで行ってきた保育、私が見てこれだと思った保育実践の内容を語り、その答えとしてきました。そのようななか、ある出版社の保育雑誌の編集会議で無藤隆先生と毎月お会いする機会を持つことになりました。無藤先生とは偶然帰る方向が同じで、毎回、保育のお話をさせていただきながらご一緒させていただいたのですが、そこでも「生きる力の基礎を育てる保育実践」の話題がその中心を占めました。

いつも私が実践のお話を紹介させていただき、無藤先生は熱心にそれをお聞きくださり、感想をお述べくださることが多かったのですが、ある日、「そのような実践をまとめて本にされたらどうですか。もしよろしければ私もお手伝いさせていただいても……」とおっしゃってくださいました。無藤先生は申し上げるまでもなく今日の保育界を代表される俊英な研究者です。その無藤先生に私たちの保育実践をお読みいただき、解説していただけるということは大変光栄なことではありますが、一方、大変勇気のいることでもあります。暫時迷いましたが、勇を鼓してお願いすることにし、最近の実践をまとめてみることにいたしました。

本書に掲載した実践は、私自身のものと、私が研究会などに長くかかわらせていただいている園の先生方のものです。いずれの実践も、お歌をうたって、お絵描きして、何かを教えられて、というような現状の保育には、魅力がない、そういう保育者にはなりたくなかった、という人たちの実践です。子どもが自分で課題を見つけ自ら考え、主体的に判断し、行動し、豊かな生活体験から自ら学び問題を解決していく、つまり「自主性」を育てることを重要な柱としながら、意欲や思いやりを育てることを目標にした保育者たちの実践です。その場面、あるいはその期間の保育実践の経緯をできるかぎり詳細に記録し、なかには何十ページにもわたるものもありますが、そのままの形で掲載しました。子どもたちのあらゆる面にわたって生きる力を育んでいくための、保育者のねらいの持ち方、子どもの気づきを促す言葉のかけ方やかかわり方、子どもたちとのやりとりの内容と過程、そのなかで育ち合っていく子どもたちの姿が、十分に読者のみなさんにご理解いただけるようにとの思いからです。今、もっとも検討を急がれているこのテーマを生の保育の展開を通して、より具体的に考察していただければと思います。

幼児が必要と感じている生活を、集団という社会的な生活のなかで、一人一人が保育者に心から愛され、尊重され、相互に助け合っていくことに保育者がどうかかわるかが大切です。未来を生きる子どもたちが、自らの力で、それぞれの個性に合わせて、楽しく、豊かな、実り多い人生を生きていくことの基礎を培うこと、これこそが私たち保育に携わる者の願いであり責務です。その理解や実践に向けて、全国二十万の保育者の方々一人一人が、真摯な努力を重ねたとき、子どもたちの心は躍動し、顔は晴れ晴れとし、瞳は輝き、力強い一歩一歩を自らの足で刻んで行くことができることと信じます。そのための保育者のみなさんの学習に、本書が少しでもお役に立つことができるならばこの上ない幸いです。

なお、無藤先生には、ご多忙な日常のなか、長い実践事例の一本一本に丹念にお目を通していただき、的確なご解説をいただきましたことを心より感謝申し上げます。また、出版物としてはむずかしい長文事例の掲載など、私たちの要望を快く引き受けて下さり、図書の発刊にご尽力下さいました萌文書林社長の服部雅生氏にお礼を申し上げます。

二〇〇四年三月

本吉圓子

もくじ

はじめに

保育の実践例から何を読み取り、学ぶことができるのか

1．幼児教育が目指すもの

幼児教育は、将来の生きる力の育ちのもとをつくるところです。家庭教育と小学校以上の教育の間をつなぎ、その基盤をつくります。幼児期にふさわしい方法を通してです。その特徴はこうです。

①幼児教育は、子どもがこの世界の諸々にかかわるように導きます。さまざまなもの・人・自然等にかかわるようにするのです。狭い家庭のなかにいた子どもがその目を開くように仕向けていきます。そこで、活動することで得た体験的な学びが学校教育の基盤ともなります。

②子どもの自己の成長を助けます。子どもはまず自分を外に開いて、何にでも興味をもち、活発に活動していきます。次第に、外部のものや人と衝突して社会のルールがわかり、ものごとの規則性を理解し他の人の考えや気持ちを大事にすることを学びます。そのなかでどうやったら自分のやってみたいことをやれるかを考えるように育てていきます。

③幼児教育では、社会性、感性、知性は別物ではありません。それらが密接に絡み合って、発

達していきます。知的な育ちを可能にしようとしても、それはたとえば、子ども同士の遊びのやりとりに現れ、そこでの援助がポイントになるのです。

④ 子どもは、言葉の説明だけでは学ぶことはできません。身体ごと、対象にかかわることを通して育つのです。手で扱い、また身体全体で活動することに支えられ、心も頭も働くようになるのです。

⑤ 子どもは遊びに熱意をもって取り組みます。その熱意があるからこそ、子どもは育っていくのです。子どもが単に楽しいだけでなく、本気になって、ものごとに取り組む。そこから、子どもの全身を揺るがすような感動と喜びが生まれます。

⑥ 子どもは保育者の助けのもとで力を発揮し、より高いところに向けて育っていきます。保育者は個々の子どもの行為を援助するだけでなく、部屋のものの配置を考え、子どもの活動を次にどの方向にもっていこうかと絶えず意識して動きます。

⑦ 園では、子ども同士のやりとりと関係が活動の質を高めます。そのために、保育者は子ども同士の関係に常に配慮し、その発展を助けるために、媒介に入ります。子ども同士が助け合い、学び合う風土をつくっていくのです。

⑧ 保育者の援助は一律でもなく、一定でもありません。子どもの活動の展開を見つつ、機に応じていきます。また、保育者側から仕かけていき、子どもの活動を刺激することもありま

す。子どもを放任しておいても十分に育ってはいきません。といって、画一的に保育者が何をするかを常に指示していても、子どもの力は伸びないのです。

2. 保育者の働きかけの特徴

保育者は子どもにどうかかわり、よい保育を可能にしていけるのでしょうか。保育の実践例から何を読み取り、学ぶことができるでしょうか。

① 何より、保育者のかかわりは、特定の子どもを思い浮かべ、その子どもをいかに伸ばしていくかを考えます。その手立ては一律ではありません。相手次第で変わっていきます。また、その特定の場面で、そこにあるものを使い、そこにいる人との関係のなかで、働きかけていきます。

② 働きかける際には、子どもの活動のある特定の都合のよいタイミングがあるものです。子どもが何かしたら、それにすぐに対応する。働きかけるとしたら、まさにその好機がめぐってくる、機に応じて働きかけていきます。

③ なぜそうするか。どうしてそうでなければならないか。それを保育者は常に考えます。子

どもの様子が停滞している。本気になって活動にかかわっていない。そういったときに、どうやったらその状態を脱して、その先に行くように仕向けていけるのか。それを念頭に置き、機会をうかがっているのです。

④幼児教育は総合的なものですから、知的なかかわりに心の問題を、社会性の働きに知的な関心を、心の動きのなかに友達とのつながりをとらえていきます。常にいくつかの観点をもって、子どものしていることを複合的にとらえるのです。

⑤子どもの楽しい、悲しい、辛い、いやな気持ちに敏感になり、共感していきます。保育者の子どもへの共感性は保育の命です。とくに、子どもの辛い状況にある気持ちをわかり、受け入れることができるでしょうか。そんな子どもを抱きしめ、愛されているという気持ちを実感させることが可能でしょうか。

⑥一つ一つのことをすぐに子どもができるようになるわけではありません。時間がかかります。やろうとするけれども、成果とならないことのほうが多いでしょう。結果ではなく、子どもがまっとうに努力したかどうかを見るのです。そこでの子どもの誠意と、誠意をきちんと行為として実行したかどうかです。

⑦子ども相手でも厳しさは必要です。怠けたり、ずるをしたり、好い加減に振る舞ったり、約束を破ったり、そういったことを見逃さず、その場で正していきます。約束を守ること自体

ではなく、その背後にある事情を見定め、ずるや怠けによるのか、そうではないやむを得ない不都合があるのかを見分けます。そして、その場で応じていくのです。

⑧ 幼児教育は、園の環境のなかで子どもの活動が展開するのを見て、機に応じて働きかけていくものですが、同時に、いたるところで、子どもの活動が発展し、そこで必要なことを学べるように、環境設定を工夫し、子どもの活動を刺激していきます。そういった仕かけもまた保育者は常に心がけます。

3. 実践記録をいかに読み取るか

保育者がその園でこのようにしたら、子どもがこのようになったという記述が保育の実践記録です。それを単におもしろい読みものであるということではなく、どうやってリアルなものとして受け取り、自分の保育を豊かなものにするために読み込んでいったらよいのでしょうか。

① その場を思い浮かべるようにする。保育の現場を思い起こし、行間を埋めていきます。

② 自分なら何をするだろう。自分が保育者の身になってみて、そのようなことが起きたときに、どう対処するだろうかを考えてみます。それと、実践例でのものとを比べて考えてみま

す。

③　どうしてそのようなことを本吉先生はするのか。ときにどうしてそういうことをするのかがよくわからないことをします。それはどうしてなのか。よく考えてみましょう。

④　子どもはどう感じたのでしょう。子ども側は何を思っているのでしょうか。

⑤　本吉先生の保育と普段の保育はどこが違うのでしょうか。自分が保育者としてしていることとどこが違いますか。その違いから、自分の改善点を見出せますか。もちろん、この事例での保育者の行動が、常に絶対というわけではありません。また別な展開もあり得ます。

（無藤　隆）

事例 1

絵里のネックレス

自分の意思をしっかり言える子どもに

「あら、このネックレスの材料まだ残っていたんですか？　昨日見てとても素敵なので私も一セットほしいなーと思っていたの。これはN先生の分なの？」

ピアノのイスに腰かけて、昨日、母の日の保育参観に三歳児たちがお母さんと一緒につくったものと同じネックレスをつくっているN先生は、立ち上がるとピアノの上の連絡帳を一冊取って私（本吉）に渡された。

絵里の連絡帳に「昨日、園でつくったネックレスを、絵里は年長の郁代ちゃんにあげてしまったと言って持って帰りませんでした。お母さんと一緒につくったきれいなネックレスを、お友達にあげてしまうなんて……私もおばあちゃんも言葉も出ないほどがっかりし、思わず二人で泣いてしまいました………」というような内容だった。

若いN先生はこれを読んでかわいそうに思って、絵里のネックレスを残った材料でつくってあげているところだった。私が連絡帳を読んでいる間も、先生はほかの子どもたちに囲まれておしゃべりをしながらネックレスをつくっている。

「先生、つくるのやめて。この事件は、子どもを育てる絶好のチャンスなの」

N先生の目にはみるみる涙がたまり、私と担任のやりとりをじっと聞いていた三歳児たちは、「おばちゃんなんか出ていけ、おばちゃんなんかあっち行け」と、私を足でけったり、手で押したりぶったりする。当の絵里は声を張り上げて泣き出す。子どもたち全員が私の前に出てガードして絵里を守る。部屋中大混乱になった。

「ちょっと聞いて。絵里ちゃんが郁代ちゃんに返してもらえなかったら、すぐN先生につくってもらうの。大丈夫だから安心して。おばちゃんのお話聞いてくれないかな」

なんとか静かになってイスに座った十数人。絵里のネックレスの昨日の件を話しはじめると、またも絵里がしゃくり上げて泣き出す。

「……バンビ組の子どもたちはライオン組のお兄さんやお姉さんたちが、ちょっと貸してとか、それちょうだいって言われると、すごーく困って悲しくなるでしょ。でも大きい人に『イヤだ!』『貸してあげない!』なんて言えないでしょ。お母さんや大人には『イヤだ!』『貸してあげない!』って言えるけど、年長組のお姉さんやお兄さんには言えないのよね。おばちゃんの保育園の子どももそうだったの。三歳の子どもはまだ『イヤっ!』って強く言えないのよね。それで昨日、絵里ちゃんは、お母さんとつくった大事な大事なネックレスを、郁代ちゃんにちょうだいって言われたとき、『イヤ、あげない』ってまだ小さいから言えなかったんだと思うの。そうでしょ、絵里ちゃん」

絵里は涙をふきながら、うん、うんとうなずく。「それでね、おばちゃんはこんなことを思うの、まず絵里ちゃんが郁代ちゃんに、『あのネックレスは大事なネックレスなの、本当はあげたくなかったの、だからわたしに返して』って言うの、どう、言ってみる？」「言えない……」とまたもや声を張り上げて泣く絵里。

「絵里ちゃんすごい、今『言えない』って言えたじゃない。泣いていてもちゃんとおばちゃんの言うことを聞いていて、思っていることを正直に言えたでしょ、おばちゃんは子どものときもっと言えなかったのよ。絵里ちゃんが『言えない』って言えることはすごいの、それだけでもえらいの」

泣いている絵里をおいて年長の部屋に行き、郁代に事情を話すと三歳の部屋に来てくれる。年長児、担任も全員で来る。

あらためて事の顚末《てんまつ》を話しはじめると三歳児もじーっと聞いている。

「それで、絵里ちゃんは、本当は大事な宝物のネックレスだったけれど『あげたくない』『イヤ』って言えなくてとっても悲しくて泣いていたの。だから絵里ちゃんとおばちゃんと二人で郁代ちゃんに『返して』って言いたいんだけど、わかってくれるかな？」

郁代はしっかり聞いている。

「じゃあ、みんなが見ていてちょっと恥ずかしいけれど、絵里ちゃん言ってみる？」

大粒の涙がどっとあふれ、しゃくり上げる声で、肩まで動かしながら絵里が、「あのね、あのネックレスね、お母さんとね、昨日ね、えりとね、二人でつくった、大事なネックレスなの……それでね、それでね……」

またまた涙を流し、しゃくり上げながら、

「……それでね、郁代ちゃんがね、ちょうだいって言ったけれどね、だけどね、あげたくなかったの。だけどね、だけどね、イヤって言えなかったの！」

四歳の子どもも大人も集まって来て、ピーンとした緊張した空気のなか、部屋は静まり返った。担任が泣き出した。子どもたちも私も郁代のほうを見たその瞬間、郁代が、「絵里ちゃんごめんね。わたし知らなかったの。今日ネックレスお家に置いてきちゃったから明日持ってくる」そして、「今度から小さい子に何かもらうときは、あげるって言われても、お母さんに聞いてみなって言う。お母さんがいいって言ったらもらう」と言う。

年長児たちも、そうだ、そうだ、という表情。

「絵里ちゃん、よかったね。絵里ちゃんとっても辛かったね。悲しくて、むずかしくて、おばちゃんこれは無理かな、と心配だった。でも、勇気を出して言えて。郁代ちゃんもすてきな子だったでしょ。『知らなかった』って。だから自分の思っていることを話したり、聞いてもらうってとっても大切なことなのね。おばちゃんだって四歳になったばかりの絵里ちゃんと同い年だったら、もっと泣いて言えなかったと思う。絵里ちゃんにも郁代ちゃんにも、おばちゃんは感謝でいっぱいよ」

「そこで、三歳の学ちゃん、今持っているそのミニカーを年長さんの将太くんが、『いいなそれちょうだい』って言ったらどうする？　将太くんは一番強そうだけど」

「ぼく、イヤって言う。あげない、って言う」

「信輝くんはどう？」「ぼくもこれは宝物だから

ダメっ、あげないって言う」「わたしも大事だからあげない」「ぼくもイヤって言う」

「そうかな？　強い年長さんや大人がちょうだいって少し怖い顔したらあげちゃうんじゃない？」「あげない」「イヤって言う」「絵里ちゃん、おばちゃんにあんなこと言われてすごーくいやだった？」「ううん。今度はイヤって言う」

郁代は「おばちゃん、わたし明日ネックレス忘れるといけないから、手にマジックで書いておく」と。


「否」と言えない子どもが実に多い。いじめの前兆を私が転勤していく園でもたびたび経験した。四月はじめ、まだ子どもの名前も覚えていないころ、「園長先生、わたし、亜沙美ちゃんと遊んでいたのに、敏春くんや総一くんや勉くんたちが来て足でけったりぶったりするの……」江美が泣きながら訴えに来た。行ってみると物知り博士と言われている哲哉と女番長の亜沙美が口げんかをし、口の達者な亜沙美に言い負かされた哲哉が、自分の子分になっている敏春たちに、亜沙美と遊んでいた何の関係もない江美をぶって来いと命令したため、勉や気のいい総一、謙太らが、江美をけったり、なぐったりしていたのだ。

そこにいた九名全員を床にまるく座らせたところで聞いてみた。

「総ちゃん、江美ちゃんてどんな女の子なの？」

「やさしい。いつもきれいなドレス着ている」

「君に意地悪したり、イヤなことしたの？」

「ううん、何もしない」

「じゃあ、どうしてけっとばしたりしたの？」

「だって、哲ちゃんがやって来いって命令したから」

「謙太くん、江美ちゃんてどんな女の子？」

「いつもかわいい洋服着てる。鉄棒教えてくれるときもある。やさしい」

「えっ、そんなにいい人なのにどうして江美ちゃんをたたいたりけったりしたの？」

「だって、哲ちゃんが命令したから」

「あっそうなの、みんなは哲ちゃんが命令したから江美ちゃんをやっつけたの。それじゃ園長先生も命令する。総くんは赤ちゃん組でみんなを叩いて来い！　謙太くんはすみれ組のお友達を背中から押して転ばして来い。勉くんは……………さあ、命令だ！」

「……」

「イヤだ、かわいそう」

「えっ、哲ちゃんの命令だとやるんでしょ？　哲ちゃんは悪い社長になれるかもしれないね。自分は何にもしなくて、社員に命令して、お前は悪いことしてお金もうけてこい、なんて言って自分は何もしない。総くんや謙太くんは泥棒したり、インチキしたりして警察に捕まって手錠かけられるんだ。みんなは社長の哲ちゃんの命令なら、人をぶったり、けったり……平気でそのとおりやっちゃうんだ」

「ぼく、今度から哲ちゃんが命令してもイヤなときはイヤだって言う」

「ぼくは哲ちゃんが社長の会社なんか絶対に行かない」

「ぼくは今日から哲ちゃんが命令してもイヤだって言う。もう今日から遊ばない！」

聞いていた亜沙美が小声で、「そうだよ、哲ちゃんはわたしとけんかしたんだから、自分でわたしのことぶちに来ればいいんだよ」

みんなは、そうだ、という顔で深くうなずいている。

「江美ちゃんごめんね」「江美ちゃんごめんね」

謙太たちが謝っている。

私は言った。

「みんなは命令されてやっただけなのに、自分から他人をいじめたり、悪いことをしたいと思ってやったわけではないのに、謝らなければならない。何だか変だね」

「ぼくは今度から絶対にイヤなときはイヤって言うよ。哲ちゃんが命令しても絶対にイヤなときはやらない」

「ぼくも、いつも命令ばかりしたり、いつも泥棒やらされるから哲ちゃんとは遊ばない」

「ぼくも、絶対に絶対に、イヤだって言う」

こういう場面が実に多い。多すぎる。保育者の対応を見ていると、いつも、これでは人として育たないと思うことが多い。幼児期に、自分から「したくない」と思える感動体験をすることが、人として育つうえでとても大切なことなのだと思う。

（本吉）

解説

▼基底に怒りの気持ちがあってこそ成り立つ正義▲

絵里という子ども、そしてまわりの友達、また担任の保育者の心のやさしさが印象に残ります。しかし、本吉先生は、そこにあえて、厳しい言葉で問いかけていきます。本当にそれでよいのだろうか、大事なものを、ちょうだいと言われたからといって、あげてしまって、本当に自分の気持ちがそれですむだろうか。イヤと言えることは、思いやりや、人と共感し同情することと同じように、大切なことなのだと教えています。むしろ、自分を大事にするという意味で、他者に譲る以上に、成長の根幹なのかもしれません。先生の人間としての怒りが伝わってきます。そんなことでよいの、生きているって言えるの、というまともな、しかしまるで大人同士が向き合うような問いかけです。先生は、次に述べるようにさまざまな保育の技法を駆使するのですが、それは、先生のまさに人間性としか言えないものによって支えられていきます。

子どもが、相手の子どもに拒否できないと「言えない」と先生の示唆を断ります。それをすぐに先生は、『言えない』って言えたじゃない」という形で返します。自分（先生）を拒否した、それでよいのだと言うのです。それを理不尽な要求を出されたときに友達にも言ったらよいのです。その臨機応変の対応が鮮やかです。

自分がされたらどうだろう。自分が大切にしているおもちゃでもあげるかと問いかけています。これは、おそらくよく園で使われるやり方でしょう。ここでのポイントは、まわりの子どもに、当の子どもの問題が伝わるようにしているところです。人ごとではない、自分も絵里ちゃんと同じような立場になるかもしれないとわかるようにして、みんなの問題としています。

ていねいに事態を見ようとしています。命令されていじめた子どもたちにていねいに問い正します。相手の子はどういう子なのか。どうしてけとばしたのか。子どもたちが改めて事態を見つめ直し、ていねいにとらえる力を養っています。

そこから、論理的な展開をしていきます。そして、理不尽と思える要求をします。園長先生が命令して、みんなをたたけ、と言ったりします。本気というのでもないでしょうが、冗談とも思えません。命令されて、何も考えずに服従して、ひどいことをした子どもたちに、事態をわからせたうえで、言っていることですから、迫力が子どもたちにも感じられます。そして、理不尽さが身にしみます。

子どもが考えや思いを言葉にしていくこと、そして論理的に考えるように仕向ける様子もしばしば出てきます。絵里という子どもも、おそらく気が弱いのでしょうけれど、先生の問いかけに応じて、ネックレスを渡した年長の子どもへの「対決」のなかで、絵里は自分にとってネックレスがどれほど大事なものだったかを涙を流しながら、語り終えます。

この事例を通して、人間的怒りの重要さを感じます。保育者がそれを感じ、また子どもたちが感じられるように育てていきます。怒りや拒絶という感情は、否定的な働きだけに、出さないほうがよいとか、感じないですめばそれに越したことがないと思いがちです。しかし、自分を大事にするという意味で不可欠のものなのです。そのうえ、正義ということは、その基底に怒りの気持ちがあってこそ成り立つものでしょう。思いやりだって、その一方に、ひどいことを拒絶し、自分の大事だと思うことを実現しようと思う気持ちがあって成り立つのです。

事例 2

ズルして平気なの!?

正義感を育てる機会を見逃さない

その1　ジャンケンしっぽとり

「はじめはグー、ジャンケンポン!」で、ジャンケンしっぽとりをしている。私（本吉）の目の前でも、「はじめはグー」「あっ、慎ちゃんの負けだ。後ろに行くんだよ」私は驚いて、となりにいた若い保育者に、「このままでいいんですか?」と聞くが、ぽかんとしている。

「今の雄ちゃんを見てたでしょ?」「……ええ」「何もしなくていいんですか?」「……」「じゃ、私のあとについてきてください」

さり気なく動いて、長い列になっている先頭の雄介のところに行く。私は、「はじめはグー」と言ってパーを出し、「あっ、雄ちゃん、負けた、後ろについて」と言う。

雄介は顔を上げられない。なんでもできる優秀な雄介。みんなから一目おかれている。その雄介の目にじわーっと涙がにじむ。

私のあとについている若い担任に聞いてみる。「どうしますか?　先生は」「……」園内研修でホールに行ってすぐの出来事である。

「雄ちゃん、何も言わなくていいの?」

「……」

つながって遊んでいた子どもたちが何事か?とまわりに来る。

「おばちゃん今ね、はじめはグーって言ってパーを出したの。雄ちゃんはグーを出したの。それで列の後ろについていてって言ったら雄ちゃんの目に涙がたまってきたの……」

「……」

「雄ちゃんてどんな子どもなの?」

「あのね、なんでもできる」「強い」「いろんなおもちゃ持ってる」「でもぼくたちのも貸して貸してって言って取っちゃうときもある」「いろんなこと知ってる、頭がいい」

「そうか! なんでもできて、頭がよくて、強くて。……それで、今のジャンケン、どうかな? みんな考えてみて。はじめのグーでおばちゃんはパーを出したの。雄ちゃんはグーをちゃんと出したの。でもパーを出したおばちゃんの勝ちって思って、おばちゃんは雄ちゃんに列の後ろについていてって言ったら、雄ちゃん動かないで、涙が出てきたの? どうしてかな?」

「じゃあさ、おばちゃんが間違えてパーを出したから、雄ちゃんが、おばちゃん間違っているよ、はじめはグー出すんだよって大人だと思って言えなかったんじゃない?」

「そうかあ、なるほど。雄ちゃんそうだったの?」

ところが雄介は、首を横に振って、とうとう声を出して泣き出してしまった。みんな心配そう。何だか変だ。でも、さっぱりわからない。一人の女児は雄介の耳元で、「ねえ雄ちゃん、おばちゃんは大人だから言えなかったの?」と聞くが、雄介は首を振って否定する。

そこで、「雄ちゃんは本当はすてきな子どもなんだ。正しいことのわかる子どもなんだ。おばちゃんにはわかるんだ雄ちゃんの心が！　雄ちゃんすごいね、謝りたいお友達がいるんでしょ？」

雄介がうなずく。子どもたちは本当にわからないといった表情。

「雄ちゃん、みんながいるとそのお友達に謝るの恥ずかしい？　二人だけのほうがいい？」

また、雄介の首が横に振られる。

「それじゃ今謝る？」

涙でぐしょぐしょの手を少し顔から離すと、雄介はあちこちを見まわし、すーっと四歳の慎太郎の前に行き、

「ごめんね」

当の慎太郎はびっくり。目をまん丸くしている。まわりの子どもたちもびっくり。

（本　吉）

その2　リレー

十時半からの母親向けの講演会にちょっと時間があったので庭で子どもたちを見ていると、二組に分かれて、リレーをして遊んでいた。赤組のアンカーになった女児、すごーく速い。しかし相手の白組のほうがバトンが渡されたのが早く、白組のアンカーはもう七、八メートルくらい先を走っている。応援を一緒にしていると、なんとなんと、その女児はラインの内側を走って白組を追い抜いてしまったのだ。そしてゴールラインではタッチの差で赤組の勝ち。このとき、若い先生は何事もなかったように、「赤組バンザーイ、白組はお手々をたたいてあげましょう」「さあ、おべんとうにしますよ！」と部屋に入ろうとした。

はじめてうかがった大きな幼稚園、園長先生

とは面識があったが、先生方はおそらく私のことなど知るはずもない。でも見逃すわけにはいかない。広い園庭を走り、その女児が上靴に履きかえようと玄関にいるところにかけつけた。

「今、リレーを見ていたの、おばちゃんがあなたのお母さんだったらとっても悲しいよ」

変な大人の突然の出現に、そのへんにいた子どもたちが集まった。

「……もしおばちゃんが子どもで、今のあなたのようにアンカーをして、あなたがしたようなことをして平気でいたら、心が真っ黒になってしまいそう。だからおばちゃんは黙って見過ごすわけにはいかないの。あなたの足はカモシカのよう、とってもきれいで、それですごーく速い。お顔もスタイルもいいしすてきな子ね、あなたは。……おばちゃんは子どもを信じているの。このままでいいの?」

その女児がワアーッと泣き出した。

「アンカーになって責任があったのよね。あなたとお友達と二人だけでかけっこしたら、あんなこと決してやらなかったでしょ。それを思うと、おばちゃんは六歳になった子どもってすばらしいなと思うの。自分だけだったら負けてもいい、でも自分はアンカーだから負けられない。そんなふうに思えることってとってもすごいことだと思う。とても成長しているなって思う。ただのズルじゃなくてみんなのためって思ってやるようなことは三歳では絶対できないから。でもね、よーく考えたら、そのために白組が負けちゃったでしょ。おばちゃんの子どもがもし白組のアンカーだったらとっても悲しい。でもね、ちょっとズルして勝っちゃうより、人間として正々堂々、正しいことをして負けた人のほうがずっと立派だな、と思うの。……おばちゃんの言うこと間違っているかな？」

女児は、しっかり首を振った。

「また明日リレーやりたくなったでしょ？」「うん」「すてきな子！　明日また絶対やりたい、正々堂々と、って。負けても気持ちがいいもんね」「うん、気持ちよくなりたい！」

おべんとうがはじまったころ、やっとその女児のいる保育室が見つかり入っていくと、子どもたちは「あっ、さっき、里奈ちゃんを泣かせたおばちゃんがきた!!」と大騒ぎ。私が笑ってその子のそばに行くと同じ机の子どもたちが次々と、「さっきこのおばちゃんが怒ったから泣いたんでしょ」と里奈に聞く。里奈は「ううん」と否定している。

「このおばちゃんが恐かったから泣いたんでしょ」とさらに言われても、「ううん」と首を振ってにこにこしている。みんな不思議そうだ。

「あの涙は、心がスカーッときれいになって気持ちがよくなった涙でしょ」と聞くと、里奈は大きくうなずいて、「そうだよ」と言った。

（本吉）

解説

▼子どもの内心への共感とセットになった論理▲

雄介はじゃんけんでインチキをして勝とうとします。あえて、それに対して、先生は、雄介の使ったずるいやり方を使って、雄介を負かしてみせます。被害者の身になるようにさせたのです。でも、雄介は涙をためています。かわいそうにも思えます。

まさに本吉先生の本領がそのあとから発揮されます。ただ、悪いことをした、それを反省した、ということでは終わりません。まず、事態をまわりの子どもに説明します。そして、雄介が強くて頭がよい、でも、わがままに振る舞うということを引き出します。そのうえで、先生が雄介にしたことを解説し、意見を求めます。そして、大人だから言えなかったという子どもの解釈を出してもらい、雄介にたずねます。しかし、雄介は否定し、先生は、雄介自身が悪いと感じていることをはっきりさせ、謝りたいという気持ちを引き出し、謝るようにしていくのです。

その次のリレーの事例では、ズルをして勝った子どもに対して、すてきな子どもだとほめて、しかも責任感の故にしたのだと整理して、ズルして勝つことはいやしいことなのだと説明します。正しいことをして負けるほうが人間として立派だということを語りかけ、相手の子どもは肯定するのです。負けても気持ちがよいと共感するのです。

人間としての正しさを追求すること、子どもだからといってズルを見過ごしたりせずに、正義という問題を考えさせていきます。しかし、ただ上から正しさを振りかざして、責めるわけではありません。いくつかの可能な解釈を提示します。さらに、当人に確かめていきます。

いつも筋の通ったわかりやすさが先生の説明の特徴ですが、同時に、悲しみや気持ちよさという感情が言葉にされ、表情で伝えられます。言葉と論理がいわば裸で歩いているわけではありません。そうだとすると、その正しいだけのむき出しの正義には、子どもでも耐えられないでしょう。そうではなく、常に、論理が子どもの内心への共感とセットになり、あなたの気持ちはよくわかる、私だってそうするだろう、でもそうしてしまうと、いやな気持ち・悲しい気持ちになるからしないんだ、正しいことをしていけば気持ちがよいものなのだと語りかけていきます。

社会のよい悪いというルールを守ることを、子どもだから少々のズルは仕方ないと見過ごすことは容易です。その一方で、ルールをはっきりと言葉にして命令として守らせる、違反した子どもに反省の言葉を言わせることもまた安易なやり方です。ルールを明確にし、相手の子どもを傷つけていることをはっきりとさせつつ、そうしないようにするという子ども自身の決意を可能にしていかねばならないのです。そのためには、よくないことをする子どもの心の底にある思いに届いていかねばならないということがよくわかります。

事例３

うそつき翔太が変わる

保育者の真剣な対応が子どもを変える

そろそろおやつを食べて降園準備をしようとしていたころ、本吉先生の姿を見つけた子どもたちは、わぁっと先生のそばへ走り寄っていった。本吉先生の研修を受け、朝から一日ドキドキしていた私とは反対に、子どもたちはみんなに会いにお客様が来られると聞いて楽しみにしていたので、先生のまわりを取り囲むと「ねぇ、おばちゃん、ぼくらの部屋にも来て！」と先生を引っぱるようにして部屋に入ってきた。

先生がイスに座られると、子どもたちもテーブルのまわりを囲むように座る。テーブルの上にあった男の子向けの雑誌から、どんな本が好きなのか、おもちゃの話、と自然に会話がはずむ。何とはない自然な会話なのだが、みんな先生の話に吸い込まれていくのがわかる。翔太も先生が自分たちのところへ来てくださったことがうれしくて、先生のそばへぴったり引っついて、また、自分に関心を引こうとして、調子よく、自分のこと、家族のことを話している。ところが、先生が「翔太くん、ステキなストライプのシャツ着てるじゃない。こんなステキなシャツを買ってくれるお母さんはセンスがあるわね」と言われても、「これは、買ってもらったんじゃないんだ」「ぼくはお金をいっぱいもってるの」「ぼくのお父さんは仕事をしてないんだ」と次々あることないことを言い出した。翔太は、クラスのなかでは中心になって遊びを引っ張っていく子で、自分の考えや気持ちもはっきり口に出して言える子だ。しかし、うそとも本当ともつかない話を調子よい口ぶりで話したり、大げさに話したりすることがある子どもだった。

そんな翔太を本吉先生は見逃されなかった。「おばちゃんは、うそつきは大嫌い！　君はうそつき翔太ちゃんだ」と強い口調で言われた。翔太はびっくりして、一瞬何を言われたのかわからないという表情だった。ほかの子どもたちも一瞬シーンとして固唾《かたず》をのんで見守っている。見ている私もどうなるのかとドキドキしてきた。そんな重い空気の場をとりつくろうように、笑ってうやむやにしてしまおうとする翔太。そんな翔太に「私はうそつき翔太くんとは話をしたくないんだ。あっちへ行っててちょうだい」と翔太の目をしっかり見つめてきっぱりと言われた。翔太はすっかりうなだれてしまって、ロッカーのそばに行ってしゃがみこんでしまった。

私は胸がつまるようだった。今まで何度も本吉先生の話を聞かせていただいて、こういった事例も聞いてきたはず。先生の言われたように、「先生、うそつきな人は大嫌い」と翔太に言ったこともあった。でもこんなに真剣に翔太に接してきただろうか……。形や表面だけを真似していい気になっていただけじゃなかったのだろうか……。私だったら、ショックを受けてしょんぼりしている翔太をなだめて終わってしまったり、うやむやにしてしまうかもしれない……。今まで生活のなかでうやむやにしてきてしまったことが頭のなかをめぐった。

先生は再び何ごともなかったように子どもたちに、「あなたのお家は何人家族なの?」「八人家族」「そう! 八人家族なの。いいわねぇ」と楽しい会話が続いていった。私は翔太がその場から逃げ出して行ってしまうのではないかと思っていた。ところが翔太は逃げ出さない。みんなのそばのロッカー付近にしゃがみこんで、みんなの話をじっと聞いている。途中、「ねぇねぇ、ぼくんちはねぇ……」と会話に入ってこようとすると、本吉先生は翔太に、「おばちゃんはうそつき翔ちゃんとは話をしないって言ったでしょ」と、まったく態度を変えられなかった。

降園時間になって、あわただしくおやつを食べ、名残り惜しそうにしながら、一人、二人と人数が減ってくると、とうとう翔太が「このシャ

ツねぇ、ほんとは、お母さんに買ってもらったの……」とポツリと言った。「あら残念、最後までうそつき翔ちゃんのままにしておこうと思ったのに。うそつき翔ちゃんじゃなくなったわね」と笑いながら本吉先生。ほっとした表情で、今まで話せなかったことを埋め合わせるように、次々と先生に話を聞いてもらって翔太は上機嫌。そして、「おばちゃんの顔描いてあげるから！」と自分のロッカーからクレヨンを取ってくると、さぁーっと一枚の絵を描きあげた。本吉先生のそれはそれはかわいい表情の顔と、首にはきれいな大きいネックレスが描かれていた。

その日を境に翔太は変わっていった。いいかげんな話をしたり、うそをついたりすることがなくなったのだ。

うちの園ではリスを二匹保護者の方からゆずり受け、年長児が世話をしていた。このリスは鳥かごのようなカゴに入れて通路に置いて世話をしていた。ところがある日、餌を出し入れする戸を年長児が開けっ放しにしていたため、リスが一匹逃げ出してしまった。何とか部屋のなかに追い込んで部屋のなかに閉じ込めたものの動きのすばやいリスをつかまえることができない。考えあぐね子どもが網（虫とり用）を持ってきてつかまえようとした。ところが、網の端の針金の部分がリスの背中から足のあたりに強くあたってしまい、ぐったりと足をのばし、息もたえだえの状態になってしまった。

「大変だ！　先生どうしよう？」「病院に連れて行かないと」と保育園中大騒ぎ。うちの園からは病院までがずい分離れており、すぐに連れて行ってやることはできない。急いで園長先生に連絡し、年長児とでどうしたらよいか話し合った。その間にも、リスは苦しそうに息をして一目で重傷であることがわかる。「先生、病院に連れて行って！」とお願いする子どもたち。「でも、病院に連れて行くとお金がいるんだけど、どうするの？」と園長先生。「今日はないけど、ぼくのお金持ってくる」「ぼくもお金持ってくる」と翔太。また、いつもの調子よく言うくせが出たのか……と思った。「翔ちゃん、お金のことをそんなに簡単に持ってくるなんて言えるの？」と園長先生にも言われる。すると翔太が目にいっぱい涙をためて、「ぼくは、もう、うそつき翔太じゃない……」と言ったのだ。その言葉に思わず私も園長先生も涙が出そうになった。本当に翔太は変わった。翔太に伝わっていたんだなぁとうれしさで胸いっぱいだった。翔太はけがをしたリスを助けたい、その気持ちで本当に自分のおこづかいからお金を持って来ようと思ったのだ。

翔太の母親からも、「先生、最近翔太が変わりました。以前のようにうそをつくこともなくなってきました」と喜びの声を聞いている。

（中上　由紀子）

解説

時宜をとらえ、大人の本気をストレートに子どもに伝える

翔太は、人を喜ばせたいからか、自慢したいのか、ようそをついてまでおもしろい話をする子どもです。本吉先生が園を来訪して、子どもと話をしているときにもそうでした。子どもらしいと見逃し、あるいは、喜ぶ大人もいるでしょう。子ども同士なら、何か変だと思っても、まともに受け取る子どももいるでしょうし、またうそでもおもしろいことならいいやと許すこともあるでしょう。

しかし、先生は違うのです。もちろん、冗談なら見逃すのだろうと思いますが、子どもがうそをついてまで、自分をえらく見せようとか、自慢しようとか、みんなを引っ張っていこうとするという態度に気がついたのでしょう。厳しく、うそつきがいけないことを指摘します。それもただ言葉で言うだけでなく、本気で真剣に、相手の子どもを名指して、嫌いだと言います。何て厳しいのだと思わざるを得ません。子どもの感じるショックを思えば、簡単にはできそうにもない行為です。ところが、不思議と子どもは先生のそばを離れません。最後のころになり、正直に本当のことを先生に話します。

大人が本気で子どもにかかわること、そこには、温かさもあり、しかし、同じように厳しさもあるのだ、そしてその厳しさは正しさを貫き、正しいことをする子どもになってほしいと思う気持ちからくるのだと、子どもにもわかるのでしょう。少なくとも表面的なものではないのです。本気で、これ

ではいけない、この子どものあり方は間違っていると思うからこそ、出てくるものだと思うのです。

それにしても、子どもが正直になったときに、素早く対応を変えて、微笑みとともに対応できる先生の切り替えの鮮やかさを感じます。その後のエピソードでも、翔太は「もううそつき翔太じゃない」と言います。その子どものその後の生き方を大きく変えるようなことが、短い時間のなかで生じました。でも、それは奇跡であるとか、天才的な対応の故であるとしたくはありません。同じレベルになるように真似ることは無理でも、何か先生の対応から学び取ることがあるのではないでしょうか。それを、普段の保育のなかに生かせることがあると思うのです。

それはまず、時宜《じぎ》をとらえるということがあるでしょう。今まさに起こったことを見逃さず、その場で対応するということです。あとで、ということではありません。

もう一つは、その行為が些細なことかどうかではなく、当人がそれで得をして、今後も繰り返しそうかという見通しにあるのではないかと思います。

そうしてもちろん、すでに指摘したように、簡潔に、明確に、何がいけないかを言葉にしていくことです。長々しい理屈はいりません。明瞭に言えば、子どもだっていけないことだとわかっています。

何より、先生の側の本気であることが子どもにストレートに伝わるかどうかです。静かな怒りが芯にあります。人間として許されないという思いなのだと感じます。まともに育ってほしいという願いでもあります。

事例 4

大輔のお風呂屋さん

共感し、支え、「自信」を育む

七月六日（木）

本吉先生をお迎えに行った岡山空港から園までの車中で、今、心配でたまらない大輔のことについて先生に聞いていただく。大輔は一日に何度もおしっこをちびり、着替えている。家のしつけも厳しく双子の弟の優太のために何でも自分ががまんし、気がねしてきた大輔……。思い返してみると、三歳のときから一日に何度もパンツを濡らし着替えていた。とうとう、最近は午睡中におねしょまで出るようになり心配していることをお話する。

五歳の大輔にとっては、最良の方法ではないと思ったが、あまりかわいいパンツを持っていないことから、先日ジャスコまで大輔と二人で買い物に行き、パンツを買ったり、アイスを食べたりして楽しんできたこと。また、そのことについて「大輔だけズルい！」と腹を立てる優太に対して「今まで大ちゃんは、優太くんのためにに、ブルーの服や、新しい傘、新しい長ぐつなど、いっぱいがまんしてきたんだから、今度は優太くんががまんする番だよ」と話しているが、まったく効果はないこと。平等主義を唱えるご両親も、この対処に疑問をもっていることなど、聞いていただく。

四時過ぎ、園に着いた本吉先生は、さっそく子どもたちの遊んでいるほうへと歩いて行かれる。そして、偶然なのか、前から知っておられたかのように、真っ先に、テラスの水道でザリガニの観察ケースの水替えをしている大輔と優太のところへ歩み寄って行かれ、私は驚いた。

「もう、ザリガニ釣りに行ってきたの?」という先生の質問に対し、さっそくにぎやかに話しはじめる大輔と優太。「えっとー、ぼく十一匹も釣ったんだよー!!」と話す大輔に、負けじと優太が、「えーっ、ぼくだって七匹釣ったよー」と割り込んできた。「君は、ずいぶんでしゃばりなのねぇ。七匹しか釣ってないのに」と言われる。「えっと、だって、釣ったけど逃げたんだもん……」とぶつぶつ文句を言う優太に対し、「えーっ、逃げられたんじゃだめでしょ! それは言い訳よ」と容赦なく返される本吉先生。そして、「じゃ、何匹この人のほうが多く釣ったの?」という質問をされると、二人とも急に口をもごもごさせ、きちんとした返答ができなくなってしまう。いつも自分の話が聞いてもらいたくて、にぎやかに話してくる二人だが、具体的に説明できなかったり、ちぐはぐな返事をしたりと話の内容がわからないところがある。先生は、(おやっ?)という表情で、白い紙に○を十一個並べて描かれ、その横に、「君の名前は?」とたずね、「よこやまだいすけ」と書かれる。その下に、一対一で対応しやすいように○を七個描き「君の名前は?」と優太にたずねられる。しかし、優太は「ゆうた!」とだけ答え、「名字は?」という質問になかなか答えることができない。それでも、ていねいに質問してくださるうち、やっと「よこやまゆうた」と答えることができる。「横山?」「あなたも横山なの?」とここで二人が双子の兄弟であることが判明した様子。（それでわかったわ）という表情で、改めて質問を続けられる本吉先生。そして大輔に◯の中に一から十一までの数字を書き込ませる。「あら、上手に数字が書けるわねぇ」と具体的に大輔をほめると、また、負けじと優太が「ぼくだって書ける!」と前へ出てくる。そして優太も◯の中に一から七までの数字を書きはじめるが、ここでも本吉先生は、「あなた字下手ね。ほら、大輔くんのほうが上手に書いてるわよ」と優太をけなしていかれる。優太の顔は、もう屈辱感に満ちた、なんとも言えない顔になっている。本吉先生と話をしている間中、ずっと「でしゃばりねぇ」とか「字下手ね」とか言われ続け散々な目にあっているにもかかわらず、必死に食いついていく優太。ここまで言われて、先生から離れていかないのが不思議だ。

二人が字を書き終わると、先生は、◯と◯を線でつなぎ一対一の対応をわかりやすく示されるが、なかなか11-7の差がわからないでいる。先生は、多いほうの四つの◯を線でくくって「これだけ、多いのよ」とほとんど答えを示され、やっと四匹大輔のほうが多く釣ったことがわかる二人。「あなたは、四匹も大輔くんより少ないのに、すごくいばるのねぇ」と、とどめの言葉まで言われるが、やはり何か先生に魅力があるのだろうか、離れていけない優太だった。

このあと先生は私に、大輔と優太の理解力のなさ、十までの一対一の対応まであやふやなことなど、気になる点を指摘された。普段から気になる点があっただけに納得できることだった。少し知能的に遅れがあるのではないかということだった。明日の活動では、そのへんのところもふまえて二人の様子を見ていただきたいと思った。

七月七日（金）

今日は、私は朝から大輔にぴったりくっついて、本吉先生が園にこられるまで過ごす。二人で亀にミミズをやったり、水替えをしたりして部屋に入って行くと、すでに子どもたちがペットボトルを並べ、新聞紙で輪をつくって、輪投げをして遊びはじめていた。大小の積み木を並べ、ペットボトルを乗せ、的に高低をつくり、むずかしくなるようにと工夫している様子。

大輔もこの遊びに関心を示している様子なので、二人で遊びに交ぜてもらうことにする。はじめは、大輔も輪をせっせとつくっていたのだが、何か思いついたことがあったようで、突然立ち上がると、大型積み木を運び出し、部屋の隅に大きな囲いをつくりはじめた。そして、「これ、お風呂！　ぼく、お風呂屋さんするから！」と言うと、新聞紙を今度は細かくちぎって、お風呂の中へ入れはじめた。急な展開に（えっ？）と困惑していた私だが……子どもたちは、逆に、大輔がはじめた遊びのほうに興味を示し、「大ちゃん、何してるの？」「ぼくも入れて!!」「わたしも!!」と集まってきた。大輔は、「うん！いいよ！」と快く仲間に入れてあげている。

そこで、「でも大ちゃん、お風呂、ただで入れてあげるの？　それじゃあ損しちゃうんじゃない?」と少しヒントを与えると、大輔は「そうか！　お金払って、お風呂に入ることにしようか！」と思いつき、入浴代をもらうことになった。お金はそれぞれに広告の紙などを使ってつくり、お風呂に入りに来ることになる。みんなが、お金をつくっている間、大輔は、「お風呂屋さんの看板がいる！」と画用紙に一生懸命お風呂屋の名前を書きはじめた。お風呂屋の名前は「よこやまおんせん」。まだ字が上手く書けないため、たどたどしい字ではあるが、名前を書き上げ満足そうにしている。そして、入浴代をいくらにすればよいかと、あれこれ考え、話し合っているところへ、本吉先生が部屋へ入ってこられた。

本吉先生は、大輔の考えたお風呂屋さんの遊びの話を聞き、「おもしろそう!!　おばちゃんも入れて!!」と遊びに参加される。そして、お風呂屋さんらしく、机を番台に見立て、本吉先生と大輔の二人がお風呂屋さんの番台に座る。「入浴料は、いくらがいいかなぁ?　子どもだし、安いほうがいいかなぁ」と言いながら大輔のほうに目をやられると、大輔が「百円にする!!」と決める。「あーよかった！　そのくらいだとちょうどいいなぁって思ってたの。じゃあ、子どもは百円にしましょう」とにこにこ笑って答えられると、大輔もにこにこうれしそうにしていた。

さて、こんなふうにしてはじまったお風呂屋さんごっこだが、おもしろくないのは、双子の弟の優太だった。昨日から、こてんぱんにけなされ、しかもライバルである大輔を中心に遊びが進もうとしている……。あせった優太は、名誉挽回！　と自分のつくったお金を本吉先生に見てもらおうと一生懸命にそばへ寄って行こうとする。しかし、ここでも、「本当に、君はでしゃばりねぇ……。ザリガニだって七匹しか釣ってないし、字だって下手くそなのにねぇ」と言われ、相手にしてもらえず、とうとう落ち込んでしまう。ところが、不思議なもので、こうやって優太がばっさりと切られると、反比例のように、大輔は、ぐんっと落ち着いて遊びに集中しはじめたのだ。

入浴代のお金は、それぞれ子どもたちが作ってきたものを持って並んでいたが、本吉先生は「今日は、このお金を使ってね」と紙をチョキチョキ四角に切り、10、20、30、40……80、90と書かれる。私も手伝ってたくさんつくる。それは、百円を払うとき、百円硬貨一枚で払うのではなく、和が百円になるようにして料金を払っていくようにするねらいだったのだ。はじめは、とまどっていた様子のお客役の子どもたちだったが、料金の払い方の仕組みがわかると、喜んで取り組みはじめた。

お客役の子どもたちも「10と90」「20と80」「30と70」「40と60」「50と50」が「100」になるということが、すぐにはわからず、指を使ってもまた計算していたが、それ以上に、入浴代を確認する大輔のほうが、まったく理解ができていない。友達が出した料金が合っているのかどうかわからないのだ……。本吉先生は十個のおはじきを使って、二十円の横に二個のおはじき、八十円の横に八個のおはじきを並べ、おはじきが全部で十個なら、百円であることをていねいに大輔に知らせ、ゆっくり料金が合っているか確認していかれる。しかし、よく見てみると、その十個のおはじきを数えるのでさえ、大輔は怪しい……。一対一の対応がきっちりとできず一つのおはじきを二度も数えてみたり、一つとばしてみたり……そばで見ていてイライラするほどだ。本吉先生もそんなときは、「きちんと数えなさい!!」と厳しく言われ、大輔もぴーんと背すじを伸ばし、眉間にしわを寄せ、真剣に数えていた。先生は、大輔が自分で、きちんと数えられるようにと、見やすくおはじきを縦に並べたり、おはじきを一つずつ指で押さえて数えるように指導し、励ましてくださる。料金が合うと、「入っていいですよ!!」と言うのだが、はじめ自信なさげに小声でぼそぼそ言っていたのが、本吉先生に励まされ認められていくうちに、どんどん元気に、大きな声で言うようになってきた。自信がついてきたのが、そばで見ていてもわかった。

お客役の子どもたちは、「入っていいですよ！」と言われると、ざっぱーんとお風呂に飛び込み、新聞紙のお湯をかぶったり、お湯が、ま

ろやかなお湯になるように新聞をちぎってくると、またすぐに、番台の前に並びに来るのだ。はじめは、もたもたしていた子どもたちだが、十の分解がわかってくると、おもしろくなってきたようで、お風呂に入ることより、計算することのほうに楽しみを感じているのだ。理解度に個人差もあり、それぞれに時間も要していたが、並んで、友達の計算するのを見ていると、逆に今度はよくわかるようで、横のほうから、「これと、これだろう！」とでしゃばって答えを教えようとする姿も見られたり、列に割り込んできたりする姿も見られる。

そんなとき、本吉先生はきちんと見ておられ、とても厳しい。とくに竜平は、世話好きな性格と、何でも一番でありたいと思う気持ちから、前へ前へと出しゃばってくる。「君はでしゃばりねぇ!!」と厳しく言われたうえ、本吉先生に向かって「〜だろ」と話したことについても、年上の人に向かって「〜だろ」という口のきき方はおかしいと指摘される。普段からリーダー的な存在で「なんでもできる」と自信をもっていた竜平にとっては、ショックだったのだろう。びっくりした表情で、本吉先生の顔を見ていたが、言われていることが事実なだけに、返す言葉もなく「はい」と答える竜平だった。あとから本吉先生が耳うちしてくださったのだが、竜平のように、数の計算は十の分解もきちんと理解できてないし、能力的にも高いわけではないのに、いつもいばっているため、子どもたちのなかにリーダー的なイメージが根づいてしまっている場合は、今のうちに、鼻をへし折ったほうがよいとのこと。

しかし、そこまで容赦なく言われても子どもが逃げ出していかないのだから不思議だ。竜平のほかにも大樹らもでしゃばりの姿を厳しく指摘されたりしたが、逃げていく子はいなかった。なんと言ってもあの優太などは、あれだけことごとくけなされたにもかかわらず、やっぱり本吉先生から離れて行くことができず、遠まきから（どこに行ってしまったのかと心配してさがしてみたところ、ピアノの影にかくれていた）じっと様子をうかがっていたのだ。なぜ先生からは離れていかないのか。それは、やはり「この人は本物だ！」と子どもたちが感じているからだろう。本当に本吉先生には魅力がいっぱいで、私自身この人のそばにいて、この先、どんな展開になっていくのか見ていたいと心から思う。

先生は、こうやって、厳しい視点で子どもたちの姿を見ておられると同時に、きちんとポイントを押さえて認めるべきところを認めてくださっていることも感じた。たとえば、諒は斜視のため、眼鏡をかけていなければいけないのだが、眼鏡がうっとうしくてかけようとしないところがある。ところが、この諒が、正確に速く計算ができたとき、「君はすごいね!! そうか、わかった！ 君にはよく見える目が四つもついてるから、よくわかるんだね!! いいなぁ、目が四つもあって」と眼鏡をかけていることを認めてくださったのだ。うっとうしいと思っていた眼鏡が、この言葉を境に、とてもすばらしい道具へと変身したのだ。友達からも「いいなぁ〜、諒くん！」と言われ、とてもうれしそうにしていた。それを証拠に、この日諒は、午睡のときも眼鏡をにぎりしめて眠っていた。かけるとうっとうしいのと、かっこ悪さからイジメの対象になったりして、眼鏡をかけなくなる恐れがあるので、このようにクラスのなかで、眼鏡をかけることのよさをアピールする必要があるのだと教えていただいた。

ひかりの場合も同じで、「できない……」「自信がない……」ということに共感してあげることの大切さを教えていただいた。ひかりは、最初、友達がするのをそばでじっと見ているだけだったが、おもしろそうだと感じ、お客の列に並んだのだ。しかし、どんどん自分の順番が近づいてくるにしたがって不安になっていき、とうとう自分の番がきて番台の前に立ったとき、泣き出してしまった。普段からの自信のなさから、ちょっとしたことで辛くなり泣くことの多いひかりなので、私は（まただ……）と思ってしまった。ところが本吉先生は、「あなたの気持ちとってもよくわかるわよ」とやさしく声をかけられた。（えっ？）という表情で本吉先生の顔を見上げるひかりと私。「あなたはここに並んでいる間中、私にもできるかな？　どうかな？ってずーっと考えてたのよね。勇気を出して並んだんだけど、いざ自分の番がきたら、『どうしよう……』って思って辛くなっちゃったんだよね。おばちゃんもその気持ちわかるなぁ！　でも、だいじょうぶ、おばちゃんが、あなたができるように、ちゃんと教えてあげるからね！」「あなたみたいな人すてきよ！」と言葉を続けられる本吉先生。その言葉にホッとしたのか、「うん」とこくんとうなずくひかりだった。私は、いつもこのようなひかりに対し、「がんばりなさい！」「こんなことで泣いてどうするの！」と叱咤激励するばかりで、不安な気持ちに共感してやる、ということがなかったかもしれないと反省させられた。

入浴代の計算がおもしろくなってくると、何回も繰り返し並んで遊んでいるメンバーが決まってくる。学、和斗、諒は理解力もあり、何度か繰り返すうちに、「十円と九十円」「二十円と八十円」「三十円と七十円」「四十円と六十円」「五十円と五十円」というふうに、二枚で百円になるように出しはじめた。しかし、よく見ると、学などは、前回とまた同じ出し方で出したりしている。

すると、本吉先生は、個々の様子を見ながら、「じゃあ、今度は三枚で百円になるようにして！」とか「君は、よくわかるから値上げして、百三十円もらうことにしましょう！」というふうに次のステップへ課題を上げていかれる。次の新たな課題を与えられた子どもたちは、困るどころか、目をキラキラ輝かせながら新たな課題に取り組みはじめている。私も学生時代に、数学の難題を解き終わったときのあの爽快感を思い出した。数学は得意ではなかったが、問題が理解できたときの爽快感があって、好きだった。子どもたちも、あの喜びを味わうことができたのだと思う。いきなりむずかしい課題を与えるのではなく、少し上の課題をタイミングよく与えていくことで、子どもたちは、遊びを楽しみ、高い集中力が得られるのだなと感じた。

学らのようには理解力がなく、二枚で百円になることの段階でもたもたしている子がほとんどだったが、本吉先生は、本当に根気よくつき合ってくださっていた。十の分解が理解できていない子には、何度も何度も組み合わせを変えてみて、それを十から数えていくのだから本当に時間がかかる……。そばで見ているだけでも、もどかしくてイライラしてくる。でも、それは、普段の生活のなかで、数を数えること、計算をすることの経験が乏しかったからなのだと痛感する。こういう活動は、普段から意図的に取り入れなければならないことを先生からも教えていただいた。

この遊びを通して、まったく関心を示さなかった子、自信がなく番台の前に立てなかった子、試してはみたがむずかしくて逃げ出した子、そして、十の分解がわかりおもしろくなって繰り返し何度も遊びに参加した子、といろいろな姿を見ることができた。それぞれの子どもの姿をよく覚えておき、これからの活動で生かしていきたいと思う。

昼までの約二時間、子どもたちは本当によく集中して、よく遊んでいたと思う。大輔は、ゆっくりだが、おはじきを使って百円を数えることに没頭していた。ときには、あまりにもたもたしているので、思わず教えてしまいそうになったくらいだったが、本吉先生は根気よく大輔に任され、大輔が「自分で考えた！」という思いがもてるようにしてくださっていた。お客役の子どもたちも、横で大輔の姿を見ていて歯がゆかったに違いないが、文句一つ言わず、ちゃんと大輔が数え終わるまで待っていてくれた。「よくぞがまんして、見守ってくれた！　ありがとう、みんな!!」と、手を合わさずにはいられない気持ちだった。それぞれに遊びのなかで認められ、楽しかったのだろう。片づけもあっという間に終わってしまい、山ほどあった新聞紙も、一つ残らずきれいにビニール袋のなかに入れていた。

手早くテーブルを用意し、給食を運んで部屋に戻ってくると、子どもたちと本吉先生が何やら楽しそうにおしゃべりをしている。話題は、今日のメニューのなかにあるトマトのことだ。和斗が「げぇー。またトマトが入ってる……。ぼくトマト嫌いなんだ」と言ったことから、まわりの子どもたちも「そうだ！　和ちゃんトマト食べれないんだよね」「でも、好き嫌いしちゃあ、いけないんだよ！」と騒いでいると、「嫌いだったら、食べなくていいじゃない。お友達にあげちゃえば」と、あっさり応えられる本吉先生に、きょとんとする子どもたち。「おばちゃんもねぇ、トマト嫌いなの。今朝もホテルのお食事にトマトがついていたんだけど、トマトだけ食べられなくて残しちゃったんだ。トマトが嫌いなんておばちゃんと一緒だね。握手！」と言われ、和斗と握手される。和斗はうれしそう、満面の笑みで応えていた。

このあと食事をはじめるが、子どもたちの食事風景を見られて「どうして、みんなスイカから食べないの？」と不思議そうな本吉先生。またまた（えっ？）という表情でとまどっている子どもたち。「あのね、スイカを先に食べると、ご飯がおいしく食べれるようになるのよ」とにっこり笑って話されるが、「本当にスイカから食べてもいいの？」「スイカは、デザートだもの……」と半信半疑の子どもたち。「スイカは冷たいうちに食べなきゃおいしくないわよ。さぁ、スイカから食べよう！」と強引に言われると、子どもたちもやっとスイカに手を伸ばしはじめた。食べはじめると、みんな「おいしい!!」と勢いよく食べ、その後のおかずやご飯もほとんど残食なくきれいに食べていた。私もまねしてスイカから食べてみたが、本当に、最後にぬるくなったスイカを食べるよりよっぽどおいしく、ご飯もおいしくいただけた！

「スイカを一番に食べるのでも、こんなに躊躇《ちゅうちょ》するのよねぇ」と本吉先生が言われたが、まったくそのとおりで、嫌いなものにしても、私は強制的に食べさせようとしたこともなかったし、デザートも最後に食べなさいと言った覚えもないが、知らず知らずのうちに「……でなければならない」という固定観念にとらわれて生活しているのだなぁとつくづく思った。

食事中は、本吉先生は事務所のほうへ戻られていたのだが、子どもたちの話題は、もっぱら今日のお風呂屋さんごっこと、本吉先生のことだった。大輔のとなりで私は食べていたのだが、大輔も「ぼく、おばちゃんに怒られちゃった」と話していた。「数を数えるとき、しっかり数えなさいって言われた」というのだ。だが、それは決して辛そうというのではなく、満足感をもった話し方だった。「そうか、よく大ちゃんおばちゃんのお話憶えていたね！　最初は上手く数えられないときもあったけど、きちんと数えられるようになったもんね!!」と話すと、「うん!!」とうれしそうな大輔だった。午前中、しっかりと考え、遊んだ大輔。疲れたのか、布団に横になると、こてっと倒れるように眠ってしまった。ほかの子どもたちも、集中して遊んだからか、寝つきがよい。そして大輔は、なんと、一時から四時までの三時間ぐっすりと眠り込んでしまったのだ。普段から、寝つきはよいものの、神経が過敏で、少しの物音や、「大ちゃん」という呼びかけだけで、ぱっと目ざめていた大輔が、今日は、みんなが起きてしまって、まわりをばたばたと走りまわろうが、大騒ぎしようが、おやつを食べようが、まったく気づく様子もなく、ぐっすり熟睡していた。

ようやく目が覚めた大輔が、園庭へと出てきた。友達がなわとびをしているのを見て、自分も跳びはじめるが、なかなかうまく跳べず、二回跳びこすのもやっと……。うまく跳べないので、イライラきたのか、すねて、投げ出そうとしたとき、「大ちゃん、がんばって!! 今日は十回跳ばないとお家に帰さないよ!!」と本吉先生からの檄がとぶ。そして、先生も一緒になってなわとびをはじめられた。ほかの子どもたちも集まってきて、なわとびがはじまった。

すると、優太が、今度こそは認めてもらおうと、大輔の隣りで跳んでみせ、自分が大輔より上手に跳べることをアピールするのだが、全然相手にしてもらえない。そして、そんな優太に本吉先生は、「君は、おかしいと思わないの」と厳しく話しはじめられた。「普通、兄弟だったら、お兄ちゃんが困っていたら助けたり、がんばっていたら応援してあげるものでしょ。学くん、あなたは大輔くんが一生懸命なわとび練習してるの見てどう思う?」「あなたはどう?」「跳べるといいなぁと思う」と学。「あなたはどう?」と次々に子どもたちにたずねていかれるが、みんな大輔を応援する返事ばかりだった。

「どう? お友達だってみんな、大ちゃんが跳べるようになるといいなぁって思ってるの。なのに、優太くんは弟でありながら、ぼくが、ぼくがって前に出てきちゃう。そんなのは、おかしいと思わない!?」と厳しく優太に問いただす。それでも、「だって……、大輔だけ、ズルい……」とまだぐずぐず言う優太。それを見た本吉先生は、本当に困った人ねぇ……という表情で、「大ちゃんは、赤ちゃんのときからずーっと、優ちゃんのためにいろいろなことをがまんしてきたの。新しい傘も、ブルーの服も、全部優ちゃんのためにがまんしてきた。だから、今、おしっこが出ちゃうの。その大ちゃんのことを君は心配じゃないの？　今まで大ちゃんががまんしてきた分、今度は優ちゃんががまんする番だ!!」と極めつけの言葉を放たれた。さすがに、返す言葉を失った優太だったが、それでもまだ、納得できないような、苦虫をかみつぶしたような顔で、大輔と本吉先生のそばにくっついている。

さて、大輔のほうだが、「十回跳ばないと帰さない!!」と言われ、ギョッとなってまた跳びはじめた。手の回し方や、なわとびの長さなど、先生からヒントをもらいながら、挑戦するうち、少しずつだが、跳べる回数が増えていった。外では、熱くて集中できないことから、場所を移し、部屋のなかでの挑戦が続いていく。はじめ、ばったり、ばったりと跳んで二、三回がやっとだったのだが、しだいに五〜六回へと増え、コツをつかむとあっという間に十回続けて跳べるようになり、うれしそうな大輔。ほかの子たちも刺激を受け、ところせましと挑戦が続く。しかし、少しでも本吉先生がほかの子どもへ目をやったり、声をかけたりされだすと、大輔の集中力とやる気は下がってしまう……。常に大輔に心と目をおき、励まし、認める声をかけていなければ続かないようだ。

私もなるべく、大輔だけ見て、跳ぶ数をかぞえてあげたり、励ましたりできるよう心がける。本吉先生、園長先生、私の三人の目で大輔を見守り、励ましていくと、ついに十～十五回くらいは続けて跳べるようになった。まだ、一定の場所に止まって跳ぶことができず、勢いあまって前へ前へと移動していってしまうのだが、すごい進歩だ!! 私たちが跳び上がって喜ぶと、みんなも「すごい!!」と拍手を送ってくれる。大輔は、みんなに囲まれ、自信に満ち、幸せいっぱいの表情だった。こんな、生き生きとした大輔を見たことがあっただろうか……。うれしそうな大輔を見て、私も胸がいっぱいになった。

優太は……というと、大輔がみんなに認められれば認められるほど、がむしゃらになわとびを跳び続けていた……。この姿には、思わず本吉先生と私も笑ってしまったのだが、大輔のおしっこのキーワードは、ここに隠されているのだと、つくづく感じた。大輔と優太の反比例の関係……。優太をばっさりと切り捨ててやることで、大輔はすっきりと伸び伸び生活することができる。父親の迎えに、意気揚々と飛び出し、なわとびのことを報告している大輔。「おばちゃん！ 明日も保育園来る？」とたずね、明日も会えるとわかりうれしそうに帰って行った。大輔は、今日、一回もおしっこでパンツを濡らすことはなかった。

（中上　由紀子）

解説　▼子どもへの共感に包まれた「厳しさ」▲

子どもを育てるには、子どもを認め、受け入れ、ほめることだとよく言います。しかし、この事例での先生の対応でわかるように、自信を育んでいくには、子どもへの対決と呼べるようなことが必要なのです。

なぜ双子の子どもの片方に厳しくあたり、もう一方の子どもをもっぱら相手にしたのでしょうか。おそらく、片方の子どもがいつもがまんを強いられていたということと、遊びやおしゃべりのなかで、一人の子どもがはじめると、もう一人がそれへの対抗心というだけで割り込んでくるということが見えたからでしょう。自分でちゃんと遊んでいないのです。相手にいつも対抗するというのは、依存心の表れに過ぎません。

厳しさは常に具体的であることが見逃せないことです。双子の二人が釣りをして、片方は十一匹、もう片方は七匹で、だから少ない。字がきちんとかける子どもとそうでない子ども。もっとも、そのこと自体というより、いばっていること、出しゃばることがいけないと指摘されているのです。誰かをひいきしたり勝手な好みで決めつけているのではなく、子どもにわかるところで違いを見つけています。ただ対抗するのではなく、具体的に頑張って達成したいという気持ちを刺激しているようです。

しかし、できなかったり、うまくいかないと、それを非難し、批判するという意味ではありません。できていなくても、うまくいかなくても、その子どものよいところを拾い出してもいます。長く並んでいて、できるかと不安になってしまい、自分の番になったら、泣き出してしまった子どもに対して、並んでいる間の不安や、でも勇気を出したことや、急に辛くなったことに共感しています。しかも、そのことを具体的に言葉としてわかりやすく子どもの気持ちを解説します。そのうえで、そういう気持ちをもてる子どもがすてきだとほめてやり、またできるように教えてあげると保証します。

できない子どもがいれば、根気よくつきあっていきます。子どもは、それに応じて真剣に取り組みます。その様子を認め、励まし、子どもの工夫に感心しています。厳しく、またほめるというのは、そのような子どもの力を出し切る課題や環境設定と組み合わされて生きていきます。

完成し、正答することが大事ではありません。たとえ途中の段階でもよいのです。その取り組み方をほめることもあり、また前のときと比べてできる度合いが上がってくることを認めることもあります。あえて子どもに具体的な課題を与え、挑戦させることもしています。頑張ればできそうだという見極めもあるのでしょう。努力する子どもには援助を惜しまず、一緒にやっていき、ただほかの子どもの足を引っ張るだけの子どもには、はっきりとそのことを言葉にして指摘していきます。確かに厳しいのですが、その厳しさは子どもへの共感に包まれたものなのです。

事例 5

宿題出して!

約束を忘れたことで育つもの

三月はじめになっても園庭には三十センチくらい雪が積もっている。

二重戸の玄関を入ると子どもたちが全員かけ寄ってくる。「おばちゃん東京から来たの?」「飛行機に乗って来たの?」「ぼく飛行機に乗ったことあるよ」「あのね、今日ニワトリが死んじゃったの」「そうだよ、死んだの」 私(本吉)「どうして死んじゃったの?」「あのね、ほかのニワトリにいじめられたの」「ほかのニワトリがいっぱいいつっ突いていじめたの」

ボストンバッグを持ってまだ靴も脱がないうちに、子どもたちが話しかけてくる。ふと見ると、女の子が一人、この賑やかな歓迎を背に、薬包紙の粉ぐすりを飲んでいる。コップにまず水を入れて流しの縁に置き、薬をサッと口に入れ、水を一口飲んで終わり。

「風邪をひいたの?」と聞く私に、大きな目でしっかり見て無言でうなずくと、きびすを返して行こうとする。「今、おばちゃんあなたの薬の飲み方を見ていてすごい! と思ったの。お水を一口飲んだだけで終わったでしょ。おばちゃんはお医者さんでもらう粉のお薬を飲むのが嫌いで下手くそなの。だからお水をいっぱい飲まないと、口のなかが薬だらけで変な味がいつまでも残っちゃうの。ちょっとあなたのお口のなかを見せてくれる？」じっと聞いていたその子は口を大きく開けて見せてくれる。

バッグもボストンバッグも床に置いて、先ほどから膝を廊下につけて低い姿勢の私に、彼女の口のなかがよく見える。「うわぁー、きれい！おくすりなんかついていない。それに歯もきれい。おばちゃんもね、こんな白髪になったけれど、虫歯はないの、見てくれる？」「ねっ、本当でしょ」女の子がはじめてにこっと笑顔になる。「私は本吉っていう名前なんだけれど、あなたのお名前教えてくれる？」周囲に集まってきていた子どもたちがさっと教えてくれるが、彼女は少し静かになったころ「美香っていうの」「そう、おばちゃんこれからちょっと園長先生とお話して、このカバンを置いてきたら、美香ちゃんと遊びたいんだけれどいい？」

美香ちゃんがうなずくとそばにいた子どもが、「おばちゃん、美香ちゃんはね、乱暴したりするよ」ほかの子どもたちも耳元に口を寄せて「美香ちゃん、ちょっと悪いことするよ」……。「おばちゃんはね、子どもも大人も、人のうわさや悪口を聞いてその人を判断することは絶対にしないの。おばちゃんの目で見て遊ぶの。子どもで悪い子どもは一人もいないの。もし乱暴したり、いじわるしたり、お目々パチパチしたり、夜おねしょをしたりする子どもは、みんな、すごーく感性が豊かな子どもなの。でもね、まわりの人がわかってくれなかったり、とてもさみしいことがあったり、こうしたいなと思っても、遠慮してできなかったりすると、どうしていいかわからなくていじめたりするの。でもね、おばちゃんが見ていると、そういう子どもは本当はすごーくやさしいの。おばちゃんは、子どもは全部すてきで、大好きなの。悪くなった子どもがいたら、それは大人のせいなの。子どもが悪いことをしたら、大人が気がつかなかったり、間違って叱ったりしたから、子どもは悲しく困って変なことをするようになるの。わかるかな？」「うん、うん」「わかる」「わかる」

三十分後、保育室に入っていくと、さっそくニワトリの話。みんながかわいがっていたのがわかる。「そのニワトリは卵を産むメンドリだったの？」「そうだよ」「それはもったいなかったわね」「えっ！　もったいないんじゃないの、かわいそうなの」しまった!!　つい本音が出てしまった。私がこの園の保育者だったら、こんな言葉は出ないはずだ。そのことを正直に話しながら、「ほかにも卵を産むメンドリいるの？」「いるよ」「じゃあおばちゃんに産みたて卵一つちょうだい？」「ダメ！　だっておばちゃんはお世話をしてないでしょ」「そうか……、でも卵を一つもらいたいな……」「ダメ」「ダメ」「それじゃどうして卵をほしいか聞いてくれる？」全員がイスに座って神妙に聞く姿勢。

「おばちゃんときどき、あったかいご飯に卵をかけてタマタマご飯にして食べたいなーって思うの。東京のスーパーで卵を買ってきてね、お茶碗に卵をコツコツ、パッて入れておはしでかき混ぜようとするんだけど、コツ、コツ、パッてお茶碗に入れた卵が、なんだか、ピヨ、ピヨ、ピヨ、って言いそうなの。それでこの保育園の卵がほしいの、わかる？」「わからない」「もう一度話すから聞いて」と言って同じことを言う。

「どう、どうしておばちゃんが卵がほしいかわかった?」「ワカラナーイ」

「そうか……、みんなは目玉焼きって知ってる?」「知ってる、知ってる」「おばちゃんのスーパーの卵はね、フライパンのなかに卵を、コツコツって割ってパッと入れるとね、たらたらって白味が大きなマルになって、黄味もたらたらってぺっちゃんこになって、平たい目玉焼きになっちゃうの。そして黄味がきれいな黄色なの。みんなのお家の目玉焼きは、お母さんがフライパンに卵を入れると、白味があんまり大きく広がらないで、白味の真ん中がドロっとこんもり盛り上がって、黄味もぽこってこんもりしてて、黄味の上にも白味が膜を張って白くなってしまうでしょ? 知ってるかな? 見たことあるかしら?」

「知ってる、知ってる、見たことある」

「お皿に盛っても黄味がまーるく盛り上がって黄味の上が白味で白くなってるでしょ、おばちゃんの東京の卵は、平べったくて、黄味もぺっちゃんこで、白くなくてきれいな黄色なの。だから、タマタマ卵のご飯を食べたいので、一つ卵をもらいたいの、わかる?」「ワカラナイ」

「おばちゃんは、明日も明後日もみんなと遊べるので、この卵のお話は宿題にします。お家に帰ってお母さんか、おばあちゃんにお話して、お返事を聞いてきてちょうだい。お話できるかな? だいじょうぶ?」

「だいじょうぶ」「わかった」と言っているところに、利夫、大介、翼などがそばに来て、私の肩をたたき、「ねえ、ねえ、もっと宿題出して」

「もっと宿題出して！」

待ってました！　予測どおり。

「そう、ほかの人はもっと宿題出したほうがいいの？」

全員がもっと宿題を出せ、との希望。一瞬考えたが、「それじゃね、何でもいいから白い紙にマルを五十個書いてきてちょうだい。それと新聞のなかに入ってくる広告の紙を何枚でもいいから持ってきてちょうだい」マルは私の指でなんとなく直径三、四センチのマルをつくって見せておく。

「宿題は三つよ。卵のお話をすることと、マルを五十書いてくること、広告の紙を持ってくること、だいじょうぶね」

おやつも食べ、子どもたちはルンルンで帰っていった。


翌朝もまた玄関を入ると、子どもたちが手に手にマルを書いた紙、広告紙を持って、「宿題持ってきた！」と大騒ぎで出迎えてくれる。

「これ何するの？」「何して遊ぶの？」

全員集まって腰かけると、裕と哲也が寄ってくる。ははあ……。

裕「おばちゃん、ぼくねマル書いたのコタツの上に置いてきちゃったの、広告の紙も置いてきちゃったの、お母さんに言ったけどだめって言ったの」涙を拭いながら必死で心情を訴える。

反対側で哲也も目に涙を浮かべているが、私はまず裕に「宿題を忘れたら大変なの。とっても困ることになる、すごくさみしい、みんなと遊べないことになるのよ。今日裕くんは生まれてはじめて宿題を忘れて、悲しい、困ったっていう体験をしているの。おばちゃんは昨日宿題出したとき、実は忘れる子どもがいたらいいなと思っていたの。小さいときにいろいろ失敗をするって、とっても大切なことなの。今、裕くんは泣くほど悲しい思いをしているけれど、こういう経験をしてそのことを生かしていけば必ず立派な大人になれる、強い一年生になれる。でも、今日はすご一く困ることになる。おばちゃんは裕くんにやってあげたくても、それはできないの」

じーっと聞いている子どもたち。

哲也「あのね、おばちゃん、お家に白い紙がなかったの。それとね、広告の紙もなかったの」

私「そう、哲ちゃんのお家には、妹か弟はいるの?」 哲也「いるよ」 私「お母さんもいるでしょ」 哲也「いるよ」 私「お父さんはいないでしょ」 哲也「うん」

私「哲也くんも忘れはしなかったけれど宿題は持ってこなかった。裕くんと同じように今日は楽しい自分の遊びはできないのよ。お友達のお手伝いしたり、見ているだけだったり、すご一くさみしい思いをすると思うけど、哲ちゃんもすごい経験をすることになるのよ。哲ちゃんのお家には、朝、新聞がこないでしょ? 夕方も?」

哲也「うん、新聞こない」

私「おばちゃん本当は、心のなかで泣いているの。でもね哲也くん、きっと強い子どもになると思うよ。ところで、裕ちゃんも哲ちゃんも、お母さんに卵のお話はしたの?」

裕・哲也「したよ」

私「哲ちゃんも裕ちゃんもすばらしい子どもよ。宿題持ってこなかったけど、すご一く得するんだ」

裕も哲也も怪訝《けげん》な顔で私のほうを見る。

子どもたちは、待ち切れないといった顔で「おばちゃん、このマルで何するの?」

「そうね、本当は子どもと何をするか考えるんだけど、今日は、おばちゃんが宿題出したからおばちゃんが考えましょう。その前に、大切な卵のお話の宿題、お母さんやおばあちゃんにお話してお返事聞いてきたかしら? まず利夫くん、お母さんにお話したら?」

利夫「……あのう忘れちゃった」

私は大きな声で一喝。「ほかの宿題はやってきて、それだけ忘れるはずはない!! うそだ! 昨日、宿題は三つ、と何回もお話した。忘れたなんてうそは通用しない」

利夫「……忘れなかったけれど……面倒くさかった」と泣き出す。

私「翼くんは卵のお話したの?」

利夫が一喝されて泣いているのを見ている翼。下を向いて両手で涙をふきふき、
翼「忘れなかったけれど、むずかしかったからお話しなかった」

私「大介くんは?」

大介「ぼくも、おばちゃんのお話よく聞いてなかったから、お母さんにお話できなかった」

私「美香ちゃんは卵のお話した?」

美香「うんしたよ。お母さんとおばあちゃんがウフフって笑ってね、東京の卵は古いんでしょ、おばちゃんにお家の卵を持っていってあげなさい、って言ったよ。それでね、美香はね、昨日みんなが卵あげないって言ったとき、美香

ね、おばちゃんに卵あげたかった」
私「美香ちゃんすごい。むずかしいお話よくできたのね。そしてお母さんもおばあちゃんもやさしい。だから昨日美香ちゃんは私に卵をあげたいっていうやさしい子どもだったんだ。やさしい子どもは、そのお母さん、つまりおばあちゃんもやさしい人なんですって。美香ちゃんの家は家族みーんなやさしい人なのね」
子どもたちも、なんと保育者全員も、この美香ちゃんを好きな人が一人もいないことを昨夜聞いていたが、子どもたちしーんと聞いている。
「さて哲也くんと裕くんはマル五十を忘れてきたり、白い紙がなかったから書いてこれなかったんだけど、卵のお話はしたんだよね」
哲也「ぼくお話したらね、お母さんが笑ったよ。東京の卵は古いんでしょって言ったよ」
私「スゴイネ、哲ちゃん、白い紙がなくてさみしかったのに卵のお話よくできたね。今日保育園に来るのいやだったでしょ?」
哲也「うん。朝起きるのいやだった。今日休みたかった。昨日の夜も寝なかった(眠れないの意味)。でもお母さんお仕事だから休んじゃだめって言った」
私「哲ちゃん、おばちゃん涙が出そう。よく来たね。そういう人のこと強くて立派な人っていうのよ。そしてむずかしい卵のお話もできて……。これからもいっぱい困ったり、むずかしかったり、泣きたいこともあるけれど……。今日も来るのいやだったけれど、今はどんな気持ち?」哲也「来てよかった。今度は忘れない」
私「おばちゃんは一つ哲ちゃんに謝りたいこ

とあるの。お家に白い紙がない人のことをきちんと考えてあげればよかった。ごめんね」「裕くん、宿題忘れてきちゃってくやしかったでしょ。でも卵のお話よくできたわね。くやしいと思える人はすばらしい子どもなのよ。満六歳、とってもすてきな涙だと思う。裕くんだけでなくみんなもこういう体験が必要なの。とってもくやしい体験をすると、今度こそは！って思い、元気が出るの。おばちゃんは裕ちゃんを見て、今日自分が悲しかったことで、今度はきっとお友達の悲しさや辛さがわかる人になれると思う」

マル五十個はお金にし、中に数を書いてもらうことにする。一円~五百円玉などを見せて、お金には金額の数字があることを知らせて、いくらにするかは任せてみた。「ぼく一万円書けるよ。一とマル四つだよ」「百円書けるよ」「千円はマル三つだ」

半数以上の子どもは、一円から、二、三、四……二十七円もあれば、四十九円玉もでき、ハサミで切る。

一万円を書くと張り切っていても途中から好きな数字を書き、広告紙は商品になる、靴千三百円もあれば、セーター五千円、ほうれん草百円、卵も九十円……。つくったお金を全部箱に入れ、子どもたちは買いたいものの金額を見てお金を取りにくる。売り手は保育者、もう二、三日したら銀行や通帳が登場したり郵便局ができたりするであろう。

そしておやつのとき、待ってました！　裕が来た。「おばちゃん今日宿題出して」「おばちゃんはね、明日も来るから昨日みんなに宿題出したの。今日忘れた人も、もう一度チャンスがあれば失敗を取り戻せるものね。それじゃ明日はまた白い紙に、月火水木金土日、という字をたくさん書いて練習してきてくれる。カレンダーをつくりましょう。カレンダーは学校に行くとすぐ必要になるのよ」ほかの子どもたちも「やったあ!!」でまた宿題ということになる。

私のとなりで哲也はドーナツのおやつを食べている。机にはほかに六人の子どもが座っている。

友達「哲ちゃん、今日も白い紙ないんでしょ」

哲也「うん」

友達「白い紙一枚お母さんに買ってもらえば」

哲也「うん、今日はお家に帰る前に買ってもらう」

担任の保育者が紙を一枚持ってきて哲也に渡す。それをじいーっと見ていたはるか。「私ね、昨日マル五十書いたとき失敗してね、消しゴムで消したら紙が破けそうになったよ……」「はるかちゃん、やさしいのね。とってもいいことに気がついてくれてうれしいわ。ありがとう」

翌日、利夫たち数人は、卵の話もきちんとしてきた。全員が曜日を書いて晴れやかな表情で登園、スケールもお家にある人は持ってくるようになっていたので何人かは持参。

朝九時から夕方五時ころまで、食事とおやつを食べるときを除いて実に八時間集中してカレンダーをつくっている。早い子どもは九月分くらいまでつくっている。季節感のあるものをつくったりさまざまな個性のあるものばかり。

美香のカレンダーは秀逸であった。大きな紙に一面に描いた小さな華やかな花、花、花。あまりにも美しく、壁にかけたら、梅原龍三郎や中川一政の絵よりも重厚で美しいのではと、言葉をのむほどきれいだ。

「美香ちゃん、すばらしいカレンダーができたわね。おばちゃんこんなきれいなお花いっぱいのカレンダー見たことない。きれいねえ」

直径二センチくらいの小さな花が、赤、ピンク、橙、紫、……ていねいに描き込まれている。一つ一つの花が何色もの色で塗られ、本当に見事な花いっぱいのカレンダー。

「うれしいときに花を描く」と五十年間言い続けてきたが、まさしく美香の今日の花のカレンダーがそれだ。

「おばちゃんにこのカレンダーあげる」

「えっ！　そんな！　こんなすてきなカレンダー、美香ちゃん一年生になったら机の前にかけて毎日毎日きれいね！　と見て使うといいわよ。こんなすばらしいのおばちゃんがいただくわけにはいかないもの」

美香の顔は二日前のあの薬を飲んでいたときとは別人のように輝いていた。周囲の子どもたちの美香を見る目も変わった。「ねえ、美香ちゃん一緒につくろう」と声をかけている。

東京への帰りの飛行機のなかでふっと胸をつく思い。『あのカレンダーは、うれしくもらうべきではなかったか』

美香もきっと『あげて喜んでもらいたかった』のではなかったのか。まだまだ子どもの心を汲むことのできていない未熟さを考えていた。

（本吉）

解説 ▼困ったり悲しいという経験をしていくことが大切▲

家庭に困難を抱えている子どもや、当人自身、成長の過程でむずかしい問題をもってしまっている子どもは、園に必ず何人かはいるものです。他の子ども並みのことができない、ほかの人と同じような持ち物を持てない、だから、つい、すねたり、乱暴を働いたりします。そこで、まわりの友達から嫌われ、保育者から見ても、嫌われるのも仕方がないと思えるようになってしまいます。それをどう補い、変えていくか。これは保育の本当にむずかしい課題です。

先生は、ここで、子どもの間にすでに行き渡ってしまった、そして、おそらく当人も思ってしまったような価値観をひっくり返します。乱暴だったり、貧しかったり、勉強ができなかったり、そういった子どものよいところを、単に見出し、ほめるのではなく、子ども自身の活躍を通して、子どもたちが納得せざるを得ないように仕向けていくのです。また、先生自身の率直な、そして具体的な言い方でよい点がよくわかるように伝えていきます。

そのためには、そのわかるべきよい点が本当に大切なことでなければなりません。大人が本気になって取り組むような重みのあることだと子どもにも伝わらねばならないのです。「宿題」という形で、子どもたちと約束をして、三つのことをやってきてもらう。そうであれば、それは翌日、果たされねばならないのです。やってこなかった子どもを先生は責めるのです。しかし、そこから先に、この事例の興味深い点が現れます。

先生は、宿題をやってこなかった子どもを責めることがあります。「面倒くさい」くらいで、いい加減にとらえて忘れた子どもには大変に厳しくしかりつけます。その一方で、必死にやろうとしたけれど、できなくて、しかも、それについて、先生に涙ながらに訴えてくる子どもには、まったく別の対応をするのです。宿題を忘れて困った・悲しいという経験をしていることが大切だ、その経験ができることを通して成長できるのだと、子どもに説いていきます。そして、すばらしい子どもだ、宿題を持ってこなかったけれど、得をしたのだと言ってやります。

子どもたちは、この火花が散るような応対を通して、約束の大切さ、本当に大事なことなら本気でかかわってくれる大人の存在、貧しいことや何かができないことが問題なのではなく、人としての信義を守ること、そして、将来大人になっていくための大事な経験をできることがすばらしいことなのだとわかっていくことでしょう。

この事例で、先生は子どもに瞬時に対応しています。園を訪問したときに、そっぽを向いて、薬を飲んでいる子どもの様子から、その子どもの状況を把握し、すぐにその子の価値を取り出し、伝えていっています。子どもを見て取り、すぐに対応することが大切なことがよくわかります。

事例 6

鉛筆を買いに

身近なものの大切さに気づく

四月十七日、四十分かけて鉛筆を買いに出かけました。

実は、今年度、あえて年長児で鉛筆を用意しませんでした。

初日、数人の子どもたちが「先生、鉛筆は?」「鉛筆貸して」と言いに来てくれました。(年長ともなれば使う機会も多く、かならず用意しておきたいものの一つなのですが、使ってそのままの状態。あげくにはどこにいったのかわからなくなってしまいました) そこで、

保育者「ライオン組(年長児)さんの鉛筆はないの……」

すると、

佳　穂「じゃあ、いいよ。クレヨンがあるもん。鉛筆いらない」

みんな「うん、だいじょうぶ。いらない」

まったく問題がないといった感じです。

それから数日。

駿　二「ねえ、先生、鉛筆は?」

保育者「鉛筆ないの?」

駿　二「どうしてないの?」

保育者「鉛筆あったほうがいい?」

駿　二「うん。あったほうがいい! だって書くとき、すぐ書けないもん」

美　波「えーっ、いらないよ。ほかので書けばいいし……」
　ほかの子どもたちにも、鉛筆が必要かどうかをたずねることにしました。
　鉛筆が必要、あったほうがいいという人は三人。ほかの人は「いらない」「鉛筆じゃなくてもいい」とのこと。余裕で「絵の具とクレヨンがあれば何でも書（描）ける」と言いながら、絵や文字を書き、「ほらね、鉛筆じゃなくても書ける」と見せてくれます。
　次の日。絵の具の用意がしてある台の上へ、いつもと違う画用紙を用意しました。それを目ざとく見つけた子どもたち、「あっ、いい紙だ」「ニワトリ描こう」「わたしウサギ」と集まって来ました。さっそく、作品が並びます。「できたー！」次々に描いた絵を見せに来てくれる子どもたち。

しめた！

保育者「このみんなの絵、貼っておきたいんだけど、いいかな？」

みんな「いいよ」

そこで、保育者が描いた人と違う名前を呼びながら貼っていきます。みんな大騒ぎです。「先生、それ、わたしの！」「それ、ぼくの！」「もぉ！」しかしなかには、「たぶん、これ俺のだよね……」という人も。

保育者「どれが誰の絵なのか……、みんなは誰の絵かわかる？」

みんな「…………」

美　波「自分のはわかるけど、名前もないし。みんなが名前書けばいい」

みんな「うん、書こう」

また、いつの絵なのかわからなくなるからと、日付も書いてほしいことをお願いしました。

二つ返事で「いいよ！」と言った子どもたちでしたが、ここからが大変です。

筆で、「4がつ17にち」それから自分の名前です。一字一字、保育者に聞きながら、ていねいに書いてくれます。日付だけでいっぱいいっぱいの人、名前が半分の人。

「鉛筆あったらすぐ書けるのに」「小さく書くときは鉛筆がいい」「たくさん書（描）きたいときも鉛筆のほうがいい」

保育者「鉛筆あったほうがいいかなぁ」

みんな「うん、絶対あったほうがいい」

今回は全員が必要とのこと。そこで、どうするか話し合いになりました。「キリン組（年中児）さんに貸してもらおう」という意見。しかし「キリンさんたちも使うから、いつも使えない」と、園長先生に相談してみることに決まりました。
園にも鉛筆はありましたが、自分たちで歩いていき、はじめてのお買い物をするチャンスでもあります。園長先生も快く承知してくださいました。子どもたちも大喜びです。
保育者「ところで、園長先生にいくらもらって行ったらいいんだろう。鉛筆っていくら?」
奈　央「八十円かなぁ?」
幸　樹「百円だと思う」
一　平「じゃあ、二百円持っていけば買えるかも」
陸　「もし、もっと高かったら? また、保育園まで歩いて帰ってきて、また行かなきゃだよ」
一　平「うーん。あっ、お店の人に聞いてみよう! そしたらすぐわかるよ」
幸　樹「電話番号知らないよ」
桃　香「なんか、本みたいなのに、いっぱい書いてあるよ。お母さん見てた」
保育者「この電話帳のこと?」
桃　香「うん、それ」
保育者が読み上げ、一緒に探し、代表は三人。「声は少し大きい人がいい、はっきりと言わないとお店の人が間違えてしまうから、上手に言える人がいい!」と、みんなで言い合い、代表が決まりました。
一本五十円。子どもたちにとってはとてもわかりやすい、いい値段です。
そこで、三人がそれぞれ一人五十円玉二枚を持って、買いに行くことにしました。(五十円玉二枚で百円だということがわかります)
五十円玉をしっかりとポケットに入れ、手で押さえながら歩く人。ときどきポケットのなかに手を入れ、五十円玉が二枚あるかを確かめながら、二枚あるとホッとした表情でまた歩く人。歩き方も、みんなどこかぎこちなく表情も真剣です。「お金、なくなったら、もう買えなくなる」「しっかり持って行かなきゃ」

その様子に、笑いをこらえるのが必死の保育者。

四十分かけ、お店に着くと、しっかり品定めして、それぞれ自分の好きな鉛筆を二本手に入れました。レジで、ポケットから五十円玉を二枚出すときもドキドキです。

帰り道、公園によりおやつを食べるときも「なくなったらイヤだ！」と、手にはしっかり鉛筆が二本。

四十分歩き、自分で選び、買ってきた鉛筆。部屋では毎日、鉛筆けずりの音が聞こえます。使ったままの鉛筆、転がったままの鉛筆があったのがうそのようです。もしかすると、保育者が一番楽になったのかもしれません。

（源　証　香）

解説

▼本当に必要だと思うことから大切にしたい気持ちが育つ▲

ものを大事にすること。これは、日本のような豊かな国ではかえって大変なことです。なくなったら、また買えばよいしお金ももらえます。まして鉛筆くらい、いくらでもそこらへんにあるでしょう。でも、それでよいのでしょうか。どんな安い値段のものでも、その買うお金は大人が苦労して稼いだものです。それを苦労のわからない子どもがいくらでも使ってよいわけでもありません。いや、値段のあるなしや高い安いにかかわらず、何であれ、ものを大切にしてほしいのです。使えるものは最後まで大事になくさずに使ってほしいものです。ところが、実際には、すぐにものをなくし、そこら辺にいい加減に放り出したままだったりします。それを何とかしたいというところから、本事例は出発します。

まず、そのものを本当にほしい、必要だという気持ちが整わないとはじまりません。必要だと思うからこそ大切にしたい気持ちが育ちます。一度はそういった基礎から丹念にステップを踏んでいくことで大切にするという気持ちが育ち、その後、何であれものを大事にするという習慣は形成されていくのです。

画用紙に絵を描きます。作品を掲示しようということになります。保育者はわざと、その作品を描いた子どもの名前を呼び間違えます。子どもたちは自分の作品が掲示されるのを楽しみに待っていますから、大騒ぎです。誰の絵かわかるように、名前を書くことになります。絵を描く筆で日付と名前を書きます。まだそれほど上手に書けるわけでもありません。保育者にどう書くのかを聞きながら、書いていきますが、どうしても字が大きくなり、うまく納まりません。鉛筆があったらすぐに書けるのに、という声が出てきます。

そこで、鉛筆を買いにいくということに決まります。お金をいくら持っていけばよいのでしょうか。電話帳で電話番号を調べ、子どもの代表が電話をして、お店の人に値段を聞きます。一本五十円で、六本買うことにします。三人の子どもが各々五十円玉二枚を持って、保育者と一緒に買いに行きます。四十分も歩いたところにお店があるのだそうです。店ではしっかりと自分がほしい鉛筆を選び、お金を渡し、買いました。その後、大切に使うようになったのは言うまでもありません。

ものが足りなくなるたびに、このように買い物をしていても、大人が困りますが、しかし、ときには、このような買い物の経験も必要です。まして、自分たちがどうしても必要だと思い、そのお金もきっちりと必要な額だけ渡されて、買いに行くのですから、緊張もし、購入したものも大事にします。何となく子どもたちにものが与えられているという状態から、自分たちで必要なものをつくったり、購入したりという経験をできるようにして、自分が生活をつくるのだということをときに実感したいものです。

事例 7

持ち物の片づけ

生活習慣が身に付くための工夫を

登園したら、カバンや帽子はロッカーにかけることになっているが、なぜか、誠の持ち物はかけてあったことがない。

やさしく話しても、厳しく指示しても、一向に響いてはいないようだ。今日もカバンは遊戯室、上靴はベランダにはき捨てられ、帽子もどこにあるかわからない。

雨上がりの今日は、朝から気温がぐんぐん上がり、晴天。太一が「カタツムリとりに行こう」と昨日から言っていたので、チャンスと思い、「カタツムリをとりに行く人は帽子をかぶってね」と話して、門のところに行く。やはり誠一人帽子をかぶっていない。「まあちゃん、帽子がないと日射病になるからお留守番しててね」とさり気なく言うと、誠はワァーッと泣き出し、「ぼくも行く、行きたい……」と、足を踏みならして泣きわめく。「どうしよう?」とほかの子どもたちに聞くと、「かわいそう、お帽子さがしてあげよう」と言う静香。保育者は内心困った!意外な方向にいってしまった……と思うが仕方がない。静香のやさしい一言でみんなでさがしはじめた。年長も赤ちゃん組の先生もさがしてくれる。ホールの積み木の箱のなかにあったのを見つけてくれたのは年長の春樹。誠に聞こえるように、何度も春樹にお礼を言ってカタツムリとりに。

さつまいも畑や堤防……など一生懸命さがしたけれど、カタツムリは一匹もいない。困っているところに、ときどき園にお花を持ってきてくださるおばあさんに出会い、おばあさんが「ちょっと待っててね」と大きなカタツムリを二匹持ってきてくださった。誠の帽子さがしに時間を取られ、暑いなかをさがしていた子どもたちは大喜び。急いで帰ってお食事に。

朝、給食の方へ話しておいたので、給食は誠の分が一人分足りないことになっている。

お腹ペコペコで座った子どもたち、次々に「イタダキマース」と食べはじめる。今日も例によって誠はカバンをさがしにいっている。その間に保育者も今日は急いで座って給食を食べはじめた。フラフラとカバンを持って入ってきた誠、キョトキョト、給食のあるところをさがしているようだ。一つも残っていないのを知ると、「先生、ボクのお給食がないの」食べていた子どもたちは、驚いた表情でこちらを見ている。

「先生、今日はカタツムリをとりに行くとき、ロッカーにかかっているみんなのカバンを数えてお給食のおばちゃんに『今日は十五人です』って言ってきたの。まあちゃんのカバンがちゃんとかけてなかったから、まあちゃんの分が足りなくなっちゃったの」「……」「さあ困ったわね。先生の分を少し分けてあげるから、お皿だけ借りてこようね」こうして誠に半分分けてあげると、いつもは遅い誠があっというまにペロリと食べてしまった。見ていた静香や友也たちが次々と、「これあげる」と少しずつ分けてあげていた。「まあちゃんよかったね。今日は帽子もみんなにいっぱいさがしてもらったし、お給食もみんなが分けてくれて、みんなやさしいお友達ね。先生までとってもうれしくなっちゃった」

いつもは人の話など聞いたこともなく、野菜はほとんど残す偏食の多い誠、今日は南瓜《かぼちゃ》のサラダもみそ汁のナスも残さず食べていた。いつもは、はしやコップは出しっ放しで遊びに行くのに、珍しくはしをカバンのなかにしまい、カバンをロッカーに自分からかけに行っている姿がなんとも愛らしく見える。

千絵、勇気、涼太たちも、毎日、はし箱、コップを出しっ放しで遊びに行ってしまうが、今日も出しっ放しで、あっという間に砂場に遊びに行ってしまった。涼太のかわいいミッキーマウスのはしとはし箱を私のバッグに入れ、涼太のカバンには大人用のはし箱を入れておいた(母親には連絡帳に書いておく)。

翌日から誠は、カバン、帽子をロッカーにかけ、それはずーっと三月まで続いていった。涼太はションボリ登園。みんなに、涼太のはし箱が行方不明になってしまったことを話すとまたもみんなでさがしてくれることになった。なかでも、まるで自分のもののように一生懸命さがしてくれ、そして見つけてくれたのは誠だった。

さがし出された涼太のはし箱には、「ボクはミッキーマウスのはし箱です。涼くんはぼくをいつも出しっ放しにするのでとてもさみしいです。ちゃんとカバンに入れてくれる浩くんや学くんのはし箱になりたいです……」と書いた手紙がついていた。それを読むのを聞いて、翌日から涼太はもとより、千絵たちも組全員、はし箱やコップはカバンのなかに入れるようになっていた。

(本吉)

解説

▼保育者の誠実な対応に基づいた巧みな仕かけ▲

身のまわりの整理ができず、だらしない子どもはいるものです。靴はどこに脱いだのか、鞄はどこに置いたのか、帽子も服もどこかに放り投げたまま、遊びに行ってしまいます。当人の性格もあり、家庭のしつけの問題もあるのでしょう。しかし、園としての対応も工夫できるのかもしれません。

生活の自立は、片づけとか、決まった場所に服をかけるとか、確かに面倒なものです。食事だって、終わってしまえば関心はなく、気持ちはもう次にする遊びに行っています。それでも、保育者はしつけをしなくてはなりませんし、子どもの生活面での自立を助けねばなりません。つい、叱りつけたり、同じことを毎日言い続けたりして、大人も子どももいやになります。子どもだって、いい加減に大人の言う言葉を聞き流すようになるでしょう。そのうえ、おそらく、家では、食事の後片づけなど、親がすべてやっているのかもしれません。

子どもにとって、片づけなどの生活面での行為は、どうして必要かが身にしみて感じるときが必要です。確かに、いつもすることですから、毎日、決まり切った習慣づけと、それを確実に日々実行することが基本であり、そうしていくうちに自然にやるようになるものです。しかし、それがときに苦手な子どももいます。その場合、どうして片づけねばいけないかを、言葉の理屈で説明してもピンときません。その場ではうなずいても、また忘れてしまうことでしょう。

　人数を間違えて、給食の数を出します。ロッカーにかかっているカバンの数で人数を給食のおばさんに伝えたからです。ということで、保育者は演技をするのですが、もちろん、子どものほうは本当のことです。それだけだと、保育者が意地悪をしているみたいですが、子どもの困った様子を見定めてから、保育者はすぐに、先生の分を分けてやります。給食のおばさんに新たにもらいに行くのではなく、先生の分を分ける点が、おそらく、子どもに気持ちを伝えているのだと思います。だって、カバンで数えたから間違えたなんて、わざとらしい話ではありませんか。でも、先生が自分の分を分けてくれれば、先生も半分しか食べられないわけです。それだけ犠牲を先生も払っているなら、先生が子どものことを思っていることが伝わります。

　自分が失敗して痛い目にあったというより、先生の思いが伝わったからでしょうか。また、まわりの子どもたちも食事を少しずつ分けてくれたこともあるのでしょう。子どもは食事を何も残さずに全部食べるし、食後の片づけもちゃんとします。

　それどころか、別な子どもがはし箱を見つけられないとわかると、一生懸命に探して、見つけます。今まで、クラスのなかでもてあましだった子どもがまわりの子どもの世話をする側に変身したのです。子どものこの成長は、保育者の誠実な対応に基づいた巧みな仕かけによるものなのです。

事例 8

モルモットの飼育

生命の大切さを知る

青組（4歳児）の部屋でモルモットを飼うようになったのは、自閉的傾向の篤が動物に対して興味をもっていたので、クラスの飼育動物として取り組んでみようという気持ちからだった。本当は私自身、子どものときから動物を飼ったことがなかったので、動物は好きではなかったのだけれど。

飼いはじめて三か月くらいが過ぎると、今まで触れなかった子どもたちも慣れてきて、やっと「かわいい」という気持ちが出てきた。と同時に、モルモットを自分たちのおもちゃ感覚で扱う姿も見られるようになった。「そんなことしたら動物は死んでしまう、やめなさい」と口先で言うのは簡単だが、それでは子どもたちの心には伝わらない。しかし、このまま見過ごすことはいけないし、と葛藤していたある日のことだった。いつものように子どもたちが、モルモットを赤ちゃんにして、広告紙でつくったネックレスやブレスレットを飾りつけたり、タオルを巻いてミルクを飲ませるまねをしたり、と楽しそうに遊んでいるところに年長児が通りかかり、目を丸々させながら怒りをぶつけてきた。「何してるの！　そんなことして!!　乱暴なことをしてたらモルちゃんが死んじゃうよ。それでもいいの!?」「動物はおもちゃじゃないよ。モルモットにも命があるんだから」と怒られて、子どもたちも、ドキッとしたようだった。「そんなことするんだったら、白組で飼う!」と言われ、「青組で飼ってるんだから、いやだ。これからは大切にする」と約束して、年長児に清掃の仕方、餌のやり方を教えてもらった。申し訳なさそうにモルモットを解放していく姿を見て、「これは響いてくれた、うれしい……。さらにいろいろな経験を子どもと一緒にしていこう」と心に決めた。

「何かモモちゃん（お母さんモルモット）お腹のあたりが太ったみたい」と、広樹。「もしかしたら赤ちゃんが生まれるんじゃない?」と麻理。二人の発見から、モモちゃんが赤ちゃんを産むためにはどうしたらよいかということを、子どもたちと一緒に調べていった。お腹が大きくなるにつれて食欲も一段と増し、子どもたちの期待もどんどんと高まっていった。自分たちが一生

懸命世話をしてきたからこそ、赤ちゃんの出産を心待ちにしていたんだ……と思った。出産は十二月三十一日から一月一日の間だった。飼育当番の主任から、うれしいそして悲しい報告が届いた。モモちゃんと一匹の赤ちゃんの死、もう一匹の赤ちゃんは元気に動いている……という。

動物の飼育は、動物がけがをしたり病気になったり、卵や子どもを産む……そしてそうしたなかでかわいがっていた動物の死に出会う体験などもする。それは子どもたちが生命ということに考える貴重な機会でもある。この貴重な経験を子どもたちと過ごすことのできなかったお正月休みを悔やんだ。モモちゃんは自分の命を落としても新しく赤ちゃんの命を残してくれたのだ。この命を大切にしなければ……と休みの間、一生懸命に育てて休み明けを待った。

お正月の休み明け、登園してきた子どもたちは、モモちゃんの死を知りとてもショックを受けたようだった。クラスの子どもだけではなく、ほかのクラスの子どもたちや職員も非常にショックを受けていた。モモちゃんの死から、元気なお母さんでも、「出産」することの大変さ、むずかしさ、そして母親は自分の命に代えても、子どもを産み愛情をもって育てていく……という話を聞いて、自分たちの母親の愛情の深さを感じることができたようだった。

命をもらった一匹のモルモットの赤ちゃんを見ると、「かわいい」と歓声。これからどう育てていこうかと子どもたちと話し合い、お母さんがいない分、青組さんがお母さんの代わりになって大事に育てていこう。まだ赤ちゃんだからすぐには抱っこできない。人間の赤ちゃんも同じ。大きくなったら、いっぱい抱っこしてあげようと確認し合った。ミミちゃんと名前をつけ、ミルクの時間は食事の前とし、ミルクを飲む様子をやさしく見守る子どもたち。ほかの先生が青組をのぞき「小田先生、お母さんみたいだね」と言うと、「違うよ、先生だけじゃない。青組みんながお父さんやお母さんなんだから」とムキになって訴える。

ところが、十四日夜、十一時過ぎ突然ミミちゃんの様子がおかしくなり、亡くなってしまった。私は突然襲ってきたミミちゃんの死を受け入れられず、子どもたちにどう伝えればよいのか悩んだ。飼育をするということは、子どもたちに生と死・命を伝えることを大切に思っていたが、私自身がミミちゃんの死を受け入れることができなかったのだ。

しかし、どんなに辛くてもこのことは子どもたちに伝えなければならない。「大事に愛情一杯で育ててきたミミちゃんの死は悲しい。みんなのお母さんだって、みんなのことを大切に育ててくれている。生きているということは、本当にすてきなことだと思う。」と精一杯の気持ちを込めて子どもたちに伝えた。飼育をすることは、辛い気持ちを乗り越えて、最後まで責任をもたなければならないということなのだ。

子どもたちとミミちゃんとのお別れの方法を考えていくなかで、子どもたちがミミちゃんに「ありがとう」を伝えたいという心が見えてきた。小さな赤ちゃんモルモットに、生命の誕生と死の体験をさせてもらったのだ。青組になって、私と一番ぶつかり合った健太の「土のなかに帰してあげよう」と肩をふるわせ涙を流しながら、ミミちゃんの死を受け入れようとする姿が、一番印象的だった。その日一日、子どもたちは、ミミちゃんのお葬式をしようと、ミミちゃんの絵を描いたり、ミミちゃんがモモちゃんと遊んでいる絵を描いたりと、ずっとミミちゃんと一緒に過ごしていた。この子どもたちの姿を見ていると、本当に愛情をもち、成長を楽しみにしていたんだと感じた。私自身、愛情があるからこそ真剣に向き合えることがわかった。翌日、子どもたちの持ち寄った花で、ミミちゃんのまわりがお花畑のように花でいっぱいになると、「ミミちゃん、ピョンピョン跳んでるみたい」と健太が言っていた。小雪のちらちらと舞う寒空のなか、一時間半かけて、草取り、穴掘りと取り組んだ。「犬が来ないように深く掘ろう」、誰一人「寒いからやめたい」という子どもはいなかった。箱のなかに、自分たちの持ってきた花を入れ、一人ずつ最後のお別れを自分の言葉で言っていた。「ありがとう。モモちゃんにいっぱい甘えて」「天国に行くんだよ」子どもたちのやさしい言葉を聞くと、私は涙が止まらなくなってしまった。「ミミちゃんは幸せ。青組のみんなにこんなに大切にしてもらって。きっと喜んでるよ。ありがとう」と精一杯の気持ちを子どもたちに伝えた。十四日間の思い出が頭をよぎった。ミミちゃんはこのことを伝えるために、この短い命で、いろいろなことを教えにきてくれたのかもしれない。麗花は「麗ちゃん、死にたくない!」と言った。それは、『いつまでも死にたくない。死んではいけない。みんなが悲しむんだから』と言っているように聞こえた。子どもたちは、大切なことに気づいてくれたようだった。私自身も、ミミちゃんに出会って飼育する意味をはじめて教えてもらったのだと思った。心から「ありがとう」という言葉を伝えたい。子どもたちは、毎日、ミミちゃんのお墓に手を合わせている。

半月が過ぎ、子どもたちが、シンちゃん（お父さんモルモット）が、元気がない……一匹ではさみしいみたい……ということで、子どもたちからモルモットを買ってほしいと、園長先生にお願いにいった。そして、雄二がお母さんとペットショップで見つけてきて、やっと手に入れるチャンスができた。雄二の報告を聞くと「すぐ買いに行こう」「ほかの人が先に来たら困るから」と、待ちに待った喜びをいっぱいに四、五キロメートルの道を、小雪の舞うなか、誰一人立ち止まることなく、元気にモルモットを手に入れるために歩いていった。

ミミちゃんとの出会いが、子どもたちと私にいろいろなものをたくさん残してくれ、今も私と子どもたちの心のなかで応援してくれている。モルモット一匹から、いろいろな活動が広がり、保育ができる……。動物を飼うという活動はほかの何ものにもかえがたい活動の取り組みになっていくという経験を深めることができた。

（小田　真由美）

解説　▼愛情ある関係が育っているからわかる死の悲しさと生の大切さ▲

動物を飼うには、その動物にふさわしい飼い方をしなければなりません。はじめは子どもは、どうしても、ぬいぐるみの人形のように扱い、遊びます。しかし、それはすぐに改めさせ、その動物にとって居心地のよい飼い方を指導していくべきでしょう。この事例では、年長の子どもがその役をかって出てくれました。年長の子どもから飼い方を教わる様子を見て、保育者は、もっと真剣にかかわろうと決意します。

幸い、赤ちゃんが生まれます。期待して待ちます。世話にも熱意が入ります。母親のモルモットと赤ん坊の一匹は死にましたが、もう一匹は生き残ります。子どもたちも、保育者も、死に出会うことで大変にショックを受けます。死の厳しさとともに、生の大切さ、子どもを生み出す親の気持ちを子どもたちは感じたようでした。生き延びた赤ん坊のかわいらしさに子どもはさらに一生懸命に育てていきます。なのに、何日かして、その赤ん坊も亡くなります。

子どもたちは、赤ん坊モルモットの葬式をします。寒いなか、長い時間をかけて、深く土を掘ります。花も飾ります。子どもたちは、モルモットにお礼を言います。お別れをして、それまでかわいがるという体験のできたことを感謝したのです。そこで感謝と悲しみを込めて、祈りを捧げます。それは、生と死ということの厳粛さにはじめて出会った姿なのでしょう。

先生は、子どもとともに、子ども以上に熱意をもって、動物にかかわっています。世話をし、かわいがるだけでなく、心配をし、ショックを受け、感動し、また思い出し、感謝し、祈っています。その先生の気持ちと動きが子どもをまた揺り動かしているのでしょう。

動物を飼うということは、死と出会うことを避けがたくさせます。しかし、死に出会えば、必ず、子どもたちがそこから生と死の大事さを学ぶとは限らないように思います。この事例のように、まず、子どもがその前に十分にかわいがり、世話をし、愛情のある関係が十分に育っている必要があります。同時に、その死を受け止められるように、ほかの仲間がいて、一緒に世話していることも大事な条件でしょう。先生が、心から動物をかわいがり、気にかけていたことも大事な意味があることでしょう。

死んでしまってから、葬式といった形で、その死を大事に取り扱うことも必要です。愛情のある相手が死という形で決定的にいなくなることは、それだけ、重大なことであり、葬儀をする、墓をつくる、祈るなどの行為を経ていかないと、納得しにくいことになります。形式を踏めばよいのではありません。それだけ深く自分の心に受け止めつつ、丹念に一つ一つの作業や行為を行っていくという心の込め方が大切なのです。日ごろからかわいがり、世話してきた思い出がそこでよみがえり、まとまりをもつには、それだけの時間と手間が必要なのです。

事例 9

カメがほしい

困難なことに挑戦していこうとする力を支え育てる

十一月七日

日ごろから交流のあるB保育園まで、片道二時間かけ遊びに行くことになった。やっとのことでB保育園につくと、さすが子どもたち、あれだけ疲れたと言っていたにもかかわらず元気に走りまわっている。実は、この保育園には私たちの保育園にはいない、リスや、雄鳥、カメがいて、カメにいたっては二十～三十匹いる。歩が一番にカメのところへ走って行った。「ぼくたちの保育園にもカメがいたらいいのに」「カメっておもしろいね」「ほしいな」と、リスや雄鳥より、カメがだんぜん人気があった。

保育園に帰ってきた子どもたち、さっそく「B保育園の園長先生にお願いしよう！　たくさんいたから一匹ならくれるかも」と、カメに興味津々。チャンス!!

しかし、カメについては何も知らない様子。ただほしいでは困る。そこで、「ねえ、でもカメさんて何食べるの？　どうやって飼うの？」と聞くと、(子)「………」「あっ、そうか、調べたらいい」と、さっそくカメについて調べはじめる。辞典を職員室から借りてくる子、近くのカメを飼っている方のところへ聞きに行く子、さまざまだった。しばらくして、辞典で調べてい

た健太たちが、紙に平仮名や片仮名で、

1. 餌は、ハム、ミミズ、小魚、レバー、刺身。ときどきは野菜
2. 水のあるところ
3. 卵産むように、保育園の砂
4. 冬は冬眠

と、書きはじめた。

次の日、教室に入ると、もうカメの話でもちきりである。「ええっ、レバー食べるの？　わたし、嫌い！」昨日休みだった、愛香。「あっ、B保育園行ったとき、パンが入ってた」「昨日聞きに行ったら、いりこも食べるんだって」「何でも食べるんだねえ……すごい」好き嫌いの多い和己である。また、「でも、カメもらっても部屋がない……」と心配そうな香に「じゃあ、つくったら？」と言うと、「えっ、いいの」と目が輝く。私も内心ウキウキでたまらない。

家でお母さんとカメについて話し合い、カメの部屋の設計図まで書いてきてくれた怜美を中心に、カメの部屋の設計図づくりがはじまった。「砂場の砂と運動場のさらさら砂、どっちが好きか実験してみよう」と、冬眠するところを二つに分け書き入れる。「冬眠なら、落ち葉も入れないと」と言うと、遥「トイレもつくろうか？」これにはまじめな和己「カメにトイレはいらないんじゃ……」しかし、遥の気迫に負け、声が届かない。仕方なくトイレも採用になる。ピンクのトイレにみんな大喜び。とにかく楽しそうだ。

設計図の完成！

「じゃあー、つくろう」と園庭へ飛び出す子どもたち。「先生、材料集めたー！　早くつくろ

う」見ると、手には園庭の裏で集めたらしい木切れ。その木切れを並べはじめる子どもたち。しばらく様子を見ることにした。

すぐに並べ終わり、満足したのも束の間、一歳児が喜んで壊していく。「ああ、ダメ」と言いながらも、赤ちゃん相手に強くは言えず困った表情の子どもたち。「ねえ、先生、釘と金づち貸して」「いいよ」。しかし、なかなかうまくいかない。「そうだ、うさぎ小屋つくってくれた大工さんに聞いてみよう。何かいいアイディアあるかも」とあずさ。残念ながら留守で、保育園の保護者の方（大工さん）に来ていただくことになった。

大工さんが、こられるやいなや「これじゃあ、ダメ！」との予期せぬ言葉にみんな驚く。「じゃどうやって、何でつくればいいんですか」と和己。「そうねえ、カメならブロックがよかろう」「ブロック？」「そう、ブロックを縦に埋めてつくるといいよ」

ブロック集めへ

「ブロックなら家にたくさんある」「お母さんに聞いて持ってこよう」「あるかなあ……」みんな家に帰って聞いてみることに決まった。

翌日、「やっぱりダメだった」「家にあったけど割れてた」「おばあちゃんが使うって……」「やっぱり、園長先生に聞いてみよう」「うん、それがいい。でもなんて聞く？」「ブロック買ってくださいは？」「うん、うん、行こう」そこで、(保)「いくつ買ってもらうの？」はっとした表情の子どもたちが園庭へ走り、どこからかブロックを見つけてくる。設計図の上から図に合わせて一、二、三……二十五、二十六、二十七。「先生、二十七個！」（自信満々）（保）「えっ、二十七個？　じゃあ、先生も数えてみる」と、一度数えたところに重ねながら数えていく。二十四、二十五……二十八、二十九……一緒に数えていた恵理、ギョッとなる。「これじゃわからなくなるから……この設計図に印つけていけば」とあずさ。みんなのギラギラした注目のなか、恵理が印をつけていく。二十七個!!　今度はみんな納得。園長先生の了解ももらった。「でも、二十七個も売っているかなぁ、なかったら？　ねえ、電話して聞いてみたら」との隆の意見にホリサカ金物店へ電話。（遥）「A保育園のライオン組です。ブロック二十七個ありますか」（店）「ありますよ。大きさは？」（遥）「えっ？　大きさ？　……ねえ、大きさだって。（間）またかけます」（遥）「ねえ、どうしよう」（健太）「巻尺ではかろう」　縦と横での言い合いがありながら、やっとのことで測り終えた子どもたち、またお店へ電話をかける。

（子）「ブロックの大きさ、縦十九センチ、横二十九センチです。二十七個ください」（店）「十九センチはないんだけど……十二センチと十五センチはあるよ」（子）「どうする？　じゃあ、十五センチでいいです。一個いくらですか？」（店）「一枚、百三十円です」（子）「わかりました。一個じゃなくて、一枚ってよ！　早く行こう」しかしブロック一枚もそうとうな重さがあり、どうするかなと思っていると、「二十七個、あっ二十七枚買うなら持って来れないよ。一輪車持っていかないと」とあずさ。一輪車を準備し、一輪車に乗らなかった分は二人で一枚持ってこようと相談がまとまり、さあ、出かけよう！
としたそのとき、「行くー!!」と、匠、葉月が滑り台から走ってきた。こちらをチラチラ見て、気になりながらも面倒くさそうに見える活動に、今まで遊んで参加しなかったが、お店には行きたいようだ。「えーっ、連れていきたくない！だって、今まで遊んで、ぜんぜん考えなかったでしょう。わたしたち、ブロック何枚いるかとか、大きさの二十九センチ、十九センチ測って大変だったんだよ！　いっぱい考えたのよ。行くときだけ来るのはズルい。連れていきたくない！」と遥。みんな同じ気持ちのようだった。むずかしいときに逃げ、おいしいとき（都合のいいとき）だけ参加するような大人にはなってほしくない。これは大切なことだと思った。時間を見ると二時半を過ぎていた。時間がない。ブロックは明日でもかまわない……。このことについて、時間をとりじっくり話し合うことにした。遊んでいた子どもたちの表情がしだいに「しまった」と暗くなり、「遊ばずに考えたらよかった……」「わたしも……」と、ポツリポツリ。じっとその様子を見つめていた子どもたち「本当に、しまったって思うなら、今度から一緒に考えるなら行ってもいいよ」　葉月、匠、真剣な表情で「うん、一緒に考える」　翌日、ようやく、お店へ行くことになった。

しかし、一輪車に乗ったのは六枚だけ。残りのブロックも子どもたちには持たせられないとお店の方。「だいじょうぶ、ぼくたち二人で持つ練習を保育園でしてきたもん」「でもダメ、おじちゃん怖くてみんなに売れない」

仕方なく六枚だけを買い、保育園に帰ることになった。帰り道、「あと二十一個どうしよう」「家に一輪車二台あるから、明日持ってくる」「わたしも」「でも、何回も行かないと……全部買えない」

翌日、「わたしのお母さん、一輪車貸していいって」「一輪車じゃ、何回も何回も行ったり来たりしないとダメだよね？」そこへ「いいのがあったー！」と息をきらしてあずさが走ってきた。古くなった誘導車を見つけたらしい。園長先生に相談し、いつもは掃除が大嫌いな子どもたちがほうきを順番に持ち掃除した。足取りも軽くお店に出発。「今日こそは買おうね」と、匠も先頭をきって歩いていく。「一枚は保育園にあったから後二十枚でいい」との健太の言葉どおり、誘導車に二十枚乗せた。思わず歓声があがる。お店の方も一緒に拍手してくださった。第二の歓声があがったのは、保育園が見えたときだった。汗びっしょりになりながら、満足そうにブロックを触る子どもたちの笑顔に、荷物運びのリヤカーからつくるべきだったな、と反省させられた。

カメの部屋づくり

一人で一枚のブロックを埋めることは容易なことではなかった。まず、運動場の土を掘ることからはじまったが、なかなか掘れない。大人用のスコップを手に悪戦苦闘の子どもたち。誰かが「掘るところに水をまいたらいい」と水をまき、しばらくして掘ると掘りやすいことに気がついた。掘る人、ブロックを運ぶ人、埋める人に分かれた。少しずつでき上がりかけたとき、言おうかどうしようかと悩んでいたとおりの言

葉をさくらが指摘「ねえ、ガタガタしてる。これ、わたしがカメならいやかも。それに赤ちゃんたちケガするよ」（さくらには最近、下に妹ができ、大喜びだった）そこで、「掘った穴の下を同じように平らにしないと、ガタガタになる」と、木を使い平らにすることになった。次に出てきた問題は、隙間だった。「これじゃ、逃げてしまう」。でもまた掘り起こすのも大変と、健太「木を隙間に入れたらいいかも」と入れてみる。よさそうだ。やっと完成間近になった。「お腹すいたね」と恵理。給食の時間はとっくに過ぎていた。「赤ちゃんたちまた壊すかも」との心配に、できかけのカメの部屋の前で給食を食べることになった。食べながらも早く完成させたいらしく、いつもより早く食べ終わり、取りかかった。

カメの部屋ができたー！

ついに完成したカメの部屋。「カメの部屋できたから、B保育園の園長先生に電話しよう」と子どもたち。しかし、電話してみると、B保育園の園長先生の返事は、急に寒くなってきて、カメがあまり動かなくなったこと、もう、冬眠の時期ではじめての場所では死んでしまうのではないか、とのことだった。これまで何十年と育ててこられたカメ。死ぬかもとわかって、手放す親はいない。園長先生の気持ちを子どもたちに伝えることは、子どもたちにとって何か大きなものを得るチャンスになるかもしれない。

園長先生の気持ちを代弁することにした。

「うーん、死ぬかも……」「そんなに大切に育ててるカメならやりたくないと思う」「カメもいやがるかも……だって、わたしもはじめて保育園来たとき、心配だったもん」「でも、せっかくお部屋つくったのに……」「うん、うん、重いブロック運んで」「カメ喜ぶようにつくったのに」（保）「どうする、カメあきらめる?」（子）「うーん、でも……」（和己）「ねえ、カメが死なないようにしたらいいんじゃない? みんなで考えたらいい方法があるかも!」待ってました!!

子どもたちが話し合ったこと。

◎カメを連れてきたとき、赤ちゃんたちがいじめないよう見張っている。

◎冬眠をもう一回調べて、カメが寒くないように落ち葉もたくさん集めに行く。B保育園の人にも聞いてみる。

◎せっかく来てさみしいとかわいそうだから、たくさん遊ぶ。

これらのことを今度は手紙に書き、「ダメかもしれないけど、大切に育てますってお願いしてみよう」と、B保育園へ出かけることに。

B保育園までの二時間の道程、この間とは

うってかわって、みんな神妙な顔つきだ。「だいじょうぶかな」「わたしの家のじいちゃん、昔カメ飼ってたって。また聞いてみる」「カメが来たら、レバー好きだけど分けてやろう」「でも、くれるかな……」「ドキドキしてきた……」

B保育園に着くと、真っ先にカメのところへ。カメの動きは園長先生のおっしゃるとおり鈍い。「この間来たときは、あんなに動いてたのに」「寒いもんねえ」「くれるかな」「もう、ござがかけてある……」（冬眠の準備のため、砂をかけようとされていたところへ、私たちが来ると聞き、待ってくださっていたそうだ）

冬眠で動かなくなったカメ、もう餌もあまり食べない。また、冬眠から覚めたころはみんなは一年生であることなど、ありがたいことに時間をさき、話をしてくださった。B保育園の先生の話に静まり返る子どもたち。しかし、ほしいという気持ちは変わらないようだ。「くださいって頼んでみよう」と、まわりに集まり、一緒にカメを見ているB保育園の子どもたちへ、(翼)「カメください」(B)「いいよー。やるよ」(翼)「えっ、いいの？　やったー！」

さあ、大変、こんなに簡単にもらって帰ったのでは今まで考えて、考えて、ドキドキしながらきたことまでもが無駄になってしまう。今回、ほしいカメだけど、もしかしたらもらえないかもしれないと、一人一人悩み、どうしたら死なないか、家族で話し合ってくださったところもある。園長先生の気持ちがわかると言った子どもたち、わかるからこそ、じゃあどうしようと考えてきた。「ください」「いいよ」では「なーんだ、考えなくてももらえた」になってしまいかねない。これでは困る――。

（保）「（B保育園の子どもたちへ）ねえ、本当にもらっていいの？　大切なみんなのカメ、みんなが毎日餌をあげてここまで大きくなって。A保育園のお友達にあげたら死んでしまうかもしれないよ……。先生が、B保育園のみんなだったら、絶対あげない!!」

これには、A保育園の子どもたちも、B保育園の子どもたちもびっくり。先生は、カメほしくないの？　とでも言いたげだ。

（B保育園の子どもたち）「うーん、死んだら……」「でも……」B保育園のなかに一人、「絶対、やりたくない」と顔を強ばらせた、七海。（A保育園の子ども）「ねえ、どうしよう……、保育園で考えたこと言ってみようか？」これには、子どもたちもどうすれば七海が「いいよ」と言ってくれるか、考えざるをえない。

餌を調べたら、レバーも刺身も好きだと書いてあったこと。ブロックを二十六枚買ってカメの部屋をつくったこと。みんなで大切に飼おうと話し合ったこと……。ポツリポツリ七海の顔色をうかがいながら話す子どもたち。しかし、なかなか「いいよ」の返事はもらえない。

「ねえ、あきらめる？」一人が言う。「ダメ、最後までお願いしてみようよ！」とほかの子どもたち。そのやりとりをジーッと見ていたB保育園の子どもたち、「それだけ考えてるなら、やってもいいよ。ねっ」と七海を見る。七海も仕方ないかなといった様子。「絶対、大切に育てるから!!」と、七海と約束しカメをいただくことに。（B保育園の園長先生も、もしかしたらお見通しだったのかもしれない）

歌のオンパレードの帰り道、カメが寒くないようにと、田んぼからワラをもらい、カメの上にかける。「よかったー！　もう、もらえずに帰るのかと思った」（保）「私もダメかと思った」（子どもたちからジロッとにらまれる）「大切にしないと、やらなければよかったって思われるよきっと」「七海ちゃんと約束したもんね」「カメ、ミミズ食べるんだって、みんなで取りに行こう」「ください」「いいよ」ではきっと聞くことができなかった言葉だと思う。片道二時間、はじめは正直、大変かとも思った。しかし、帰るときのスキップと歌のオンパレード。本当に楽しい時間だった。瞳の「簡単には生き物はもらえないね」本当にそのとおりかもしれない。

ミミズ取り

昨日、大切にもらってきたカメ。朝からみんなでカメを囲み、辞典やB保育園で聞いてきたカメの餌（パン、ハム、いりこなどなど）を与えようとしている。しかし、当然食べない。調べたり、聞いたりして、（冬眠前は餌は食べないと）知ってはいるものの、起きているのに食べないのがどうしても信じられない子どもたち。また、七海との約束（大切にするね、死なないようにするね）があり、どうしても食べてもらいたいようだ。

何度も食べさせようとするが、食べないカメを見て、（和己）「ねえ、ミミズなら食べるかも！」と、ミミズを探してまわることになった。大人用のスコップに、大きなバケツ。途中出会う方々に、ミミズのいる場所を聞くが、返ってくる返事は「最近は、農薬かけるからミミズも見なくなった」とのこと。なかには、「まあ、まあ、大きなスコップかかえて……、うちの庭でよければ、全部掘っていいよ」と温かい言葉をかけてくださる方も。しかし、子どもたちが聞いたとおり、なかなかミミズが見当たらず、思うように集まらない。何時間もかけ、腐りかけた木の下のほうがいるということ、また、落ち葉などがたくさんあり「フワフワしたところ」にいることがわかりはじめた子どもたち。やっと五十一匹のミミズを見つけることができた。

園に帰り、餌を与えたが食べない。数日繰り返し与えたがやはり食べない。日に日に「これは大変だ」と騒ぎはじめる子どもたち。たくさん遊べば食べるかも！　と部屋をうろうろさせたり、外に出したりするが、やはり食べない。

このままでは死んでしまう!!

「冬眠させようか?」「餌食べないから、早く冬眠させないと死ぬかも」「一緒に遊んだし、太鼓も聞かせたし、もう冬眠させないとかわいそうかも」

そこで、図鑑も参考に、落ち葉、砂、ミミズ（ミミズのいたところの砂も一緒に）を集めてまわり、話し合い、一番下に砂、次にミミズ、上に落ち葉を入れることになった。

カメを上に乗せると、見事なほどサーッと潜っていなくなった。この姿を見送った子どもたちの表情は、なんともいえないものだった。「カメがほしい」からはじまったこの活動。本当ならば、一年かけてやるべき活動なのかもしれない。そういったことにおいても、子どもたちには申し訳ない思いでいっぱいである。

（源　証香）

解説 ▼ **困難を一つ一つ乗り越えることで育つ自信** ▲

小動物をたくさん飼っているよその園に行き、自分たちもカメが飼いたくなります。先方の保育園からもらえばよい。でも、そこで、保育者は、どうやって飼うのかと投げかけます。そこから、飼い方を調べる活動がはじまります。餌がわかり、住む場所がわかる。家をつくることになる。設計図をつくり、材料を集めるが、うまくいかない。大工さんに話を聞くと、だめと言われて、ブロックを埋めてつくるように言われる。今度はブロックがいくついるか数えて、金物店に買いに行く。重くて数も多いから、一回では運べない。今度は、ブロックを埋めるために、園庭の土を掘る。ブロックの隙間に木を埋める。やっと完成したので、今度は、カメをもらいに行く。ところが、あげるのをいやがる子どもがいるので、どれほどカメを大事にするか、カメのことをわかっているかを述べて、説得する。やっともらえたが、冬眠前とあって、餌を食べてくれない。ミミズがよいというので、苦労して集めてくるが、やはり食べない。仕方がないので、冬眠の準備に入り、カメを寝かせてあげるのです。

一難去って、また一難がやってくる。それを次々に解決していく。子どもたち同士で相談し、また先生に時に助言されながら、何とか案を出してしのいでいきます。困難があっても、くじけずに何とか解決していく姿勢がたくましい事例です。

カメがほしい、飼ってみたいという切実な願いから出発しました。その強さが何よりの原動力です。また同時に、絶えず、保育者が問いただし、それでよいのかと聞いていきます。相手の大人も子どもも、簡単にOKせずに、問題点を指摘し、またやり直しをさせます。あっさりカメをもらえても、それでは、大事にしないかもしれないので、せっかくの成長の機会だとも思い、保育者はあえて簡単にはカメをあげないと言わせたりもします。

ほしくなったら、買ってあげるとかもらってあげるかすれば、簡単です。だが、簡単に手に入るものは、大事にしないし、どうしたらよいか考えもしないでしょう。今の日本社会は、そのような安易に手に入るものであふれています。だからあえて、保育者は、子どもに困難をつくり出すのです。だがまた、その保育者の指摘は、困らせるためだけのことではありません。カメを飼う以上、餌のことを知らなければ、子どもが困り、カメは死んでしまうかもしれません。どうしたらよいか探す過程で、図鑑を調べたり人に聞いたり、普段の生活を思い起こしたりします。専門家に厳しい指摘を受けることもあります。みんなで一緒に考え、苦労し、協力して、進めることが大事だともわかります。遊んでいる子があとから入って、よいところだけを味わおうとすると、それはよくないと指摘もされます。

真剣にものを考える、必死でやりたいことを実現しようとする、そのために、苦労することをいとわない、その過程を通してカメへの愛着が生まれてくるのです。それは、自分への自信を形成する機会でもあります。

事例10

ジグソーパズル

失敗を恐れやらない子に挑戦する気を起こさせる

おひなさまをつくった子どもたちが、空箱に赤い折り紙を貼って雛壇《ひなだん》をつくっていた。

空いているイスに座ると、正面にルミが座る。が、何もしないでぼーっとしているだけ。「ルミちゃんはおひなさまや、今、みんながつくっている雛壇はつくらないの?」と聞いても無表情。

どの子も、赤い折り紙の裏側に、隅から隅まででていねいにべったりとのりを手でつけている。

「私(本吉)もつくろう、私は大人でケチンボだから違うのりのつけ方をするんだー」と例によって大きな声で独り言。折り紙の縁にだけちょっぴりのりをつけて箱に貼り、「こんなに早くできた。のりは三百円で高いから節約するんだ」

周囲の子どもたちは、次の瞬間もうのりのつけ方が変わっている。「怖い!」と思う瞬間でもある。

私の真ん前にじいーっと無言で座っていたルミが、立ち上がった。どうするのか様子を見ていると、自分の席を取られたくない、といった仕草。「おばちゃんが見ているからだいじょうぶよ」とだけ言う。ルミのチャンスを待つ私としては、また戻ってほしい。

ルミは、十五ピースくらいのジグソーパズルを一つ持ってきた。三歳でもやさしいようなもの。道と木と小さな家、空、だけの絵柄。それを持って座ったルミは、パズルの板を両手でそーっと裏返しになるように机の上に空けた。絵は裏にはなったがそのままの絵柄。そしてそれを端からはめていった。困ることも、考えることも、なんの苦労もいらない。はめ終わると、また、ていねいに裏返してはめこんでいる。

『ははあ！　失敗を恐れる、できたことを評価される環境に育っている子……』

そばにいたその園の先生に、思わず小声で「ルミちゃん入学したら不登校になりますよ」と話したら、「えっ！　実はルミちゃんのお兄ちゃんもお姉ちゃんも、学校に行ってないんです」と言う。

私は大きな声で叫んだ。「ルミちゃん、何してるの？　六歳の子どもが、自分の力をいっぱい出さないで、こんな赤ちゃんでもできるようなパズル持ってきて！　それも一番ラクにはめている。さあ、おばちゃんがぐしゃぐしゃにするから、それをはめてごらんなさい！」

声も出さずに目に涙をため、私の正面からじーっと見つめるルミ。

「さあ、やりなさい」とぐしゃぐしゃにしたパズルを渡す。

泣きながらやりはじめたルミ。部屋にいる三十人くらいの子どもたちも、同じ机で雛壇をつくっている子どもたちも、私の保育を見にいらしている数十人の保育者の方も、一瞬、水を打ったように静まりかえる。

「遅い！　もっと早くやりなさい。こんなに簡単なものなんだから」

「まだ遅い。もっと早く。五分でやりなさい。それでもやさしすぎるけど。さあやって！」

「こんどは一分。一分でやれたら次はもっとむずかしいのに挑戦するのよ」

「遅い！　遅い！　もっと早く。一分でやれるまで、今日はおばちゃんはルミちゃんを離さない」

「また一分四十秒、ダメ。もっと早く！」

机に座っていた子どもたちは心配そう。ルミちゃんガンバッテ！　という表情が手に取るようにわかる。

「まだ遅い、もっと早く。さあ、もっと早く」56、57、58、……あーあ、まだ一分でできない。さあもう一回」「55、56、57、58、59、……やったあ！　できた、一分で！」「バンザーイ」

なんと背を向けてミニカーをしたり、絵を描いていた子どもたちが、床から跳び上がって全員で喜んでくれたのだ。

「ルミちゃん、うれしいね！　よかったね！」

一呼吸おいて子どもたちがどっと私のところに集まってきた。

「おばちゃん、ぼくにもやらせて！」

「わたしもやりたい！」

私は一言、「だめ、これは、誰にもやらせない」

担任の先生に「やらせない意味がおわかりですね」と言うと、にっこりうなずいていた。

後日、別の園でも、三人の年長女児が、百五十ピース、百二十ピースのすごーくむずかしい根気を必要とするジグソーパズルをしていると、その前に座って、自分は何もしないで、この三人がちょっとでも違うところにはめようとすると、「えっ、それ違うもん」「それじゃないもん……」とずーっといやみなことを言っている子がいる。

言われている三人は穏やかな人柄のよさそうな表情で、しまった、という顔でのんきにやっている。

「あなたはやらないの？」

「うん、こんなの簡単だもん」

「簡単なの？　それじゃどんどんやっておばちゃんに見せてくれない。おばちゃんはこういうの苦手なんだ！」

そこで三人の女児たちに、「咲ちゃんがこのパズルをしているのを見たことある？」と聞くと、三人はにこにこしながら首を振って「ない」「やったの見たことない」と言う。咲の顔が突然けわしくなり、立ち去ろうとする。

私はあわてて引き止めて、「おばちゃんは咲ちゃんを見て放っておくわけにはいかないの。さあ、一緒にやってみよう」と手を取ると、いきなり私を蹴っとばす。その痛いこと。

「おばちゃんは大人。力では咲ちゃんには負けない。今日は咲ちゃんと一緒にこのパズルをする」と言うと、咲は観念したようにそこに座り込む。

パズルを持ってきて三人の前でやりはじめようとしたとき、一人が立ち上がり小走りにどこかに行き、別のパズルを持ってきた。ちょっとはにかみながら、「おばちゃん咲ちゃんはこのほうがいいと思う」見るとやさしい簡単なパズルだ。

思わず、「あなたはやさしい子どもね。とってもうれしいわ。三人ともさっきまで咲ちゃんに、違うとかいろいろ言われていたのに、その咲ちゃんが困らないようにしてくれたの？　それは、とってもすごいことなのよ。意地悪した人に心からやさしくしてあげることって、大人もなかなかできないの」
そして咲に、「咲ちゃん、いいお友達がいてよかったわね！」

やる気の起こった咲とやりはじめたパズル、一つできると三人のうちの一人が次に（適当な難易度の）ものを持ってきてくれる。昼食になっても、二時間を過ぎても、集中し意欲を湧かせてやり通す咲。三人もじっと見守ってくれる。そして、やっと食事室へ。咲は「おばちゃん、らっきょう好き？」などと言いながら給食を運んできて、五人で食べはじめた。
咲に蹴っとばされた足がアザになっていたが、その後の園長先生からの手紙には、それまですべてのことに傍観者のようだった咲がやる気で挑むようになったこと、集団を楽しんで生活し、当番活動などもするようになったことなどが書かれていた。

（本吉）

解説

▼子どもを的確にとらえ、迷わず対応する力▲

何ごとにも自信がもてない。だから、やろうとしない。そのため、ちっともできるようになっていかない。少し手がけて、誰かに批判されるのが怖い。だったら、やらないで見ているだけがよい。やらないでバカにされても、やってうまくいかないよりましだ。そんな思いでいる子どもは、小中学校あたりにはかなりいそうです。それがすでに、幼児期からつくられていたら、そんな悲しいことはありません。

自分からやろうとしない。大人に言われたことを言われたとおりにはする。そんな姿は、ちょっと見には、よい子に見えるかもしれません。ほかの子どもの作品を批判する様子からはむしろ賢そうにも思えます。しかし、実は、自ら成長のための機会を放棄しているのですから、そのつけは、次第に先になって出てくることでしょう。幼児期は、何でも興味をもって、取り組む時期です。何でもできるようになると思えるものなのです。今はできないけれど、頑張って、また楽しんでやっていれば、そしてまだ力が不足していても、大きくなれば、大人みたいになれるよと確信しているのです。その確信が崩されていたら、どうやって成長していくのでしょう。

そこで、先生が下す手立ては魔法のようでもあり、劇薬のようでもあります。劇薬と紙一枚異なる薬として働くのです。紙一枚がどうやら先生には決定的に異なる、大きな違いに見えているのでしょう。いったいそれは何でしょうか。

失敗を恐れていると判断する。すると、即座に、子どもに、力を出していないと指摘し、むずかしくする。それができる。すると、もっと早くできるようにさせていく。それもできていく。子どもを追い込むが、子どもは与えられたハードルを次々にクリアしていく。力が発揮されていく。その子どもの満足感と誇りを大事にするためでしょうか、その課題はほかの子どもにはやらせないでおきます。

別な子どもの事例でも、やらせていく。次々に乗り越えさせていく。子どもは力を発揮し、充実感に浸るからこそ、二時間以上やり尽くすのでしょう。

ほかの子どもとの関係にも注目できます。いい友達がいてよかったと先生がほめているように、みんな、やさしく接してくれます。子どももまたきっと先生に見てほしかったのでしょう。だから、最初の女の子は、先生の前で自分が必ずできるとわかっているパズルをやって見せたのでしょう。その子どもに先生は、本気で接します。必ずやれるのだから、という気迫が伝わるのです。その厳しさと必ずできるからという確信が、その子を誰よりも思いやっているやさしさに支えられている、この組み合わせに、先生の保育の要がありそうです。そのためには、子どもを的確にとらえ、迷わず対応する力が必要なのでしょう。それがむずかしいのかもしれません。

事例 11

ドッジボール

自信をもたせるていねいなかかわり

「みんなドッジボールって知ってる?」と声をかけたところ、「うん、知ってる!」「線描いて、外から中にいる人にボールぶっつけるんだよねぇ!」「前に青組さん(去年の年長児のこと)、してたの見たことある!」「ぼくたちもしたい!」「うん! しよう!」と、さっそくドッジボール遊びがはじまった。昨年の年長児たちがしていた様子を思い出し、見様見まねで自分たちで園庭にいびつな形の円を描くと「わたし、ボール当てる人になりたい!」「ぼくは中に入る人がいい」と好きずきに分かれ遊びはじめた。

最初は、外からボールを当てる人が一人だけで、あとは全員逃げるという場合もあったが、遊びを繰り返すうちに、それはおかしいということになり、当てる人と逃げる人と同じ人数に分かれて遊ぶことになった。このことで「チームに分かれた」という思いがあったのか、コートの中にいる人に全員ボールをぶっつけてしまうと、コートの外側チームは、「勝った!」「勝った!」と大喜び。しかし、これも本当の勝敗を決めることはできないことに気づき(最初から外側チームが勝つに決まってるのだから……)、二チームに分かれてドッジボールをして勝敗を決めるにはどうすればよいかを考えはじめた。そのうち「どっちのチームも中に（コートの中に）入ればいいんじゃない?」という大智の意見から、コートを二分し、二チームに分かれてボールを投げ合うドッジボールへと発展していった。

　二チームに分かれて遊びを楽しむようになって、チーム同士で勝敗を競い合うおもしろさからますます遊びは盛り上がり、クラス全員が参加し喜んで遊んでいた。なかなか全員が喜んで遊ぶという遊びはなかったが、ドッジボールは別だ。「ドッジボールしよう!」と声が上がると、一斉にあちこちから「うん!　やる、やる!」と飛ぶように女児も男児も集まってくる。ルールも少しずつ、みんなで考えながら生まれてきた。そんなふうにして楽しんでいるドッジボールではあったが、実際に飛んでくるボールをキャッチし投げる子はだいたい決まっていて、そのほかの子どもたち（とくに女児）は、コートの中に入っていても、「キャー、キャー!!」言って逃げるだけという状態だった。

　そんなときだった。研修会で園にこられていた本吉先生が、子どもたちがしているドッジボールの中へ入ってこられた。しばらく子どもたちと一緒になって遊んでくださったあと、「ねぇ、中上先生、こうやってボールから逃げるばかりで、ボールが取れない子がいるでしょう。先生ならこの子たちに、どうされますか?」とたずねられた。私は、ドキンとして「あの……。この中に入って遊んでいただけじゃ、ボールは取れるようにはならないとは思うのですが……」と答えながらつまってしまった……。すると本吉先生は、「私ならこうするわよ」と言われると、すぐボールをキャッチできない何人かを連れてこられ、少しずつ間隔をあけて立たせると、その子どもたちの間、間に、本吉先生と私が入るように立った。そして、ボールを一つ持ってこられると、まず楓に向かって「さぁ、ボールをおばちゃんが投げるから取ってね」と声をかけられた。

ボールを取る自信がなく、当たらないように逃げるのが専門だった楓は、少し困ったような不安な表情をしていた。しかし本吉先生と楓の間は、手を伸ばせば届くほどの近距離（滅多なことでボールが落ちることはないと思えるような距離）で、しかも先生は、やわらかい受け取りやすいボールの投げ方をしてくださり、楓は難なくボールをキャッチすることができた。「ほら！取れた！」と本吉先生が言われると、楓はニコッと笑顔になり、（なーんだ、こんな簡単なことなんだ）というようなホッとした表情になった。

しばらく同じようにキャッチボールを続けられ、楓が安定してボールをキャッチできるようになってくると、今度は、少しずつ本吉先生は後ろへとさがられ、楓に気づかれないように間隔をあけていかれた。そして、少し間隔をあけてもボールが受け取れるようになると、「楓ちゃん、最初にはじめたときはうんと近くからだったけど、ほら、今ではこんなにおばちゃんとの間が離れているのにボールが上手に取れるようになったね！」と言われ、楓もその言葉でアッと気づいたようだ。パッと表情が一気に明るくなり、その後は、いっそう、うれしそうにキャッチボールを楽しんでいた。楓も「取れた！」と声を上げ、自信をもちはじめているのがわかる。そばで見ている私には、楓がみるみる自信をつけ、顔の表情も不安な表情から一変して、目の輝きまで違ってくる様子がありありと伝わってきた。

次に楓以外の子どもたちも仲間に入り、キャッチボール遊びを同じようにはじめるときは、子ども同士がボールを投げたり受け取ったりはまだむずかしいので、必ず間には保育者が入り、受け取りやすいボールを、その子その子に合わせて投げるようにしていった。楓のときと同じように、少しずつむずかしくしていき、「今のは取りにくいボールだったのに、よく取れたね！」「強いボールも取れる！　すごい！」とていねいに認めていかれていた。だんだん、どの子も自信が芽生えて楽しくなっていくと、あちこちから、「ぼくも入れて！」「わたしも！」と仲間が増えてきた。

子どもが増えると、今度は、上手に投げたり、キャッチしたりできる子どもを保育者役として間に入ってもらうようにしていかれた。その子どもには保育者役になってもらうようにお願いし、受け取りやすいボールを投げてもらうようにする。その子どもたちにも、きちんと「今までは、強い球を力いっぱい投げてたけど、今度はちゃんと麻衣ちゃんが取りやすいようにボールを投げてくれたね！」というように認めてくださるので、友達が取りやすいボールを投げようとちゃんと考えて投げるようになっていった。でも、それだけでは、うまくキャッチボールのできる子には、ものたりなくなってくるので、ときには保育者が、その子たちに強いボールをパスしたり、遠く離れたところからパスしたりと変化をつけておられた。

夕方の降園時ということで、母親らが迎えに来ると子どもたちは名残り惜しそうに「おばちゃん、バイバイ」「おばちゃん明日も保育園、来る？」と言いながら帰っていった。みんなとても楽しかったのだろう。そのなかでもとくに楓は、このキャッチボールで得るものが大きかったのだろう。父親が迎えに来ると、残念そうにしながらも、にこにこっと本吉先生に笑顔を見せ帰っていった。正味二十～三十分かかわってくださったなかで、子どもたちは、どんどん変わっていく。本吉先生がされていることは、決してむずかしいことではない。でも私が日々の生活のなかで見落としている部分だと思った……。このように毎日、キャッチボールを繰り返し、クラス全員がボールを受け取れるようになったとき、はじめてドッジボール遊びが楽しめたといえるのだということがよくわかった。

次の日の朝、登園してきた子どもたちが、「今日もドッジボールしようよ！」とさっそく園庭へ飛び出して行ったのは言うまでもない。楓はとくにはりきっていて、「楓ちゃんもボール取れるようになった！」と友達に自信をもって話している。その日は、まだ飛んできたボールをノーバウンドで取るのはむずかしいようだったが、積極的にコートの前のほうへ出て行きボールを取ろうとがんばっていた。友達の影にかくれて、ボールから逃げようとしていた楓と同一人物かと目をうたがうほどだった。

本吉先生が子どもたちにかかわってくださってから二か月近くたった今でも、ドッジボール遊びは続いており、ほとんど毎日のように自分たちでコートを描き、チームに分かれて遊んで楽しんでいる。ルールも自分たちで考えていて、私の知らない間に、チームが同じ人数でなかった場合は、「少ない人数のチームは一回当たっても死なない人を一人決める」というルールができていた。またその人も、同じ人ばかりではズルイということで、チーム内で順番を決めているようだ。コートの大きさにも関心をもち（ボールがどれだけ遠くに投げられるか飛距離を計った経験から）両チーム同じ大きさのコートになるよう、長なわとびや竹の棒を使って長さを計り、線を引くようにもなった。

そして、楓をはじめ、ボールが取れなかった子どもたちも、この二か月の間にだいぶ上手にキャッチし、強い球も投げられるようになってきた。今まで、ただ逃げまわるだけだった子どもが、コートの前へ出てきてボールをキャッチできるようになると、またそれだけゲームが盛り上がってくる。（とくに楓は、今では男児たちにまじり、バンバン、ボールをキャッチしているからうそみたいだ！）ゲームが盛り上がると、チームの仲間意識、勝敗への意気込みも高まり、負けたら悔し涙を流したり、「もう一度、勝負だ！」と何度も繰り返しゲームを楽しんだりしている。

（中上　由紀子）

解説

▼技能獲得への導入を援助し、あとは任せて遊びのなかで▲

運動の指導は、技能を獲得させることをどうやっていくかが要となります。どれほどわかりやすく、ていねいに、一つ一つの技能を習得させるか。でも、それだけでは、訓練になり、つまらないし、嫌になります。保育者が指導しないと、自発的にいっさいやらなくなっては、元も子もありません。

その原則は、一歩一歩少しずつ進むこと。とくに子どもでは、できないとすぐにめげて、やらなくなる子も多いので、むずかしすぎる課題を与えないこと。また、楽しさを保つように留意する。さらに、普段の遊びとのつながりをつけて、習った技能がそこで使えるようにするなどです。少しの練習の導入から、あとは子どもが勝手にどしどし遊ぶことで、上手になっていくようになるとよいのです。

この事例では、先生は、まず、ドッジボールでボールから逃げてばかりで、ボールが取れない子どもがいることに目を止めています。その子なりに仲間に入って楽しんでいるからよいという見方もあるかもしれませんが、先生は、そうではなく、少し指導すれば、ボールを取ったり投げたりできるようになり、もっと能動的に遊びに加わり、楽しむことができると判断したのでしょう。次に、実際にボールを受け止める練習に入ります。

安心して、失敗するはずのない距離からはじめて、ボールを取るようにします。先生もまた、子どもが受け取りやすいように投げてやります。「ほら、取れた」とほめてやります。できるようになると、少しずつ先生は距離を開けていきます。そして、距離が離れたのに取れるようになったと指摘します。子どもたちがそれに加わっても、先生が間に入り、受け取りやすいボールを投げるようにします。そのうち、上手な子どもを間に立たせて、保育者の役割を取らせます。取りやすいように投げることを称賛して、受け止める側が確実に取れるように援助します。また、上手な子どもには保育者が強いボールを投げるようにもします。

このようにボールを投げて、受け止める練習をして、自信をつけた子どもたちは、全員がドッジボールに夢中になります。誰もがボールを積極的に取ろうとするのです。

このボールの取り合いの練習と並行して、子どもたちが遊び方を工夫している点も見逃すことができません。年長の子どもがやっていたのを思い出して、丸を庭に描き、ボールをぶつけ合うところからはじめ、二チームに分かれ、競い合います。人数のバランスも考慮するようになりました。コートの大きさにも注意を払い、長さを測って、線を引くようにもなります。

運動の技能をそれだけで孤立させずに、運動遊びを楽しみ、自分たちで工夫して遊んでいくところに組み込まれるようにしています。訓練がいつまでも続いたらいやになります。少し先生が導入したら、あとは子どもたちに任せていき、自分で遊びながら技能に気をつけるように育てているのです。

事例 12

みんなコマなし自転車に乗れた！

友達の力を引き出すかかわり

楽しかったプール遊びも終わり、秋の運動会に向け、運動会ごっこを楽しんでいる毎日。今日も、何かおもしろい競技はないかと子どもたちと相談していたところ、「輪なげをして、跳び箱を跳んで、コマなし（補助なし）自転車に乗って旗をまわってくる」という意見が出た。「あっ、それ、おもしろそう!!」「やってみたい!!」と、みんながのり気のなか、暗い表情の子どもたちが……。コマなし自転車に乗れない琴乃、若菜、美那、のぞみ、透、怜二、稔、わたるの八人だ。「コマなし自転車に乗れない人は、この競争できないよ……」「困ったなぁ……」と、クラスのなかにあきらめムードが流れはじめた。

そこで、「ねぇ、じゃあ自転車に乗れない人は、このままでいいのかなぁ？」と投げかけてみた。それに対し、「だめ！　練習したらいいと思う!!」「練習しないと乗れないと思う!!」と子どもたち。これは念押し!!　と、「広野の子どもは、中学生になったら自転車に乗って学校へ行くのよね。歩いて行くには遠いしねぇ……。三輪車に乗って行くのかな？」と話すと「えーっ三輪車なんてカッコわる～い」とゲラゲラ大笑いの子どもたち。先日から、クラスのなかでも祐二や健がコマなしに乗れるようになったことや、年中児のなかにもコマなしに乗れるようになった子がたくさんいることなどを紹介していくと、「練習しなくちゃ!!」「緑組（年中児）に負けるぞ!!」とがぜん、はりきりはじめた。そして、「ぼくらが乗り方、教えてあげる」「後ろもって支えていてあげる」と乗れる人が応援してくれることになり、さっそく、みんなで園庭へ出て練習開始となった。

保育園には、ボロボロの自転車が四台しかない。その四台も、乗れる人がいつも乗っていてひっぱりだこなので、練習する間もないのだが、今日は違う。子どもたちは乗れない人を自転車に乗せてくれると、ハンドルと荷台のところを二人がかりで支え、細かく指示をおくっている。「しっかり前を向いて乗るんだよ!」「ペダルは、片方を上に上げておいて、グィッとこぎ出したら、すぐにパッともう片方の足をペダルに乗せて速くこがなきゃダメ!」「速くこがないと自転車が倒れるよ!!」「こんなふうに足を乗せるんだよ、いい、よく見てよ!!」と、なかには、実演までしてお手本を見せてくれ、保育者の私たちなんかより、よっぽど細かく、ていねい、かつ適切なアドバイスを送ってくれている。子どもたちの教え方の上手さには舌を巻く。思わず、勢いあまって自転車ごと倒れ、こけてしまったときにも、「何べんもコケて上手になるんだから!コケてもだいじょうぶ!!」と叱咤激励し、応援してくれるので、いつもならここでベソをかいてしまう場面でも、さっと起き上がり挑戦しはじめるのだから驚きだ!!

支えているほうも、いつまでも支えているのかと言えばそうではなく、子どもたちなりに、タイミングを計り、手を離すと「そのままこいでー!! はやくっ!!」と叫んでいる。

そして、うそみたいだが、本当に怜二が、続

いて、美那、稔、若菜が、あっという間に次々と乗れるようになっていったのだ。支えていてくれた人が手を離し、一人で乗れているのを見ると、「乗れてる!!」「やったぁ!!」「ばんざーい!!」「ばんざーい!!」と、応援してくれていた子どもたちが、跳びはねて喜び、乗れた本人以上に喜んでくれていた。私は、子どもたちが、次々とコマなし自転車に乗れたことはもちろんうれしかったのだが、それ以上に、友達のことを、自分のことのように喜んでくれている姿に思わずジーンときてしまった。

そして、もっとすごいのは、支えがなくても乗れるようになった子が、今度は、一人でこぎ出しができたり、曲がることもできるようになるところまで見届けてくれ、「先生カーブのところも、曲がれるようになったからもうだいじょ

うぶだよ」と報告に来てくれるほどの徹底ぶり。その後も、お昼まで練習は続き、のぞみ、琴乃、透も、一人でこぎだせるまで、あと一歩というところまで上達した。わたるはまだ時間がかかりそうだが、隼人と基樹が自転車の前と後ろを支え、ぴったりくっついて応援してくれているので、とてもうれしそうで、満足そうな表情でゆうゆうとこいでいた。

昼食の子どもたちの食欲は、それはすごいもので、何人もが「おかわり!」とおかわりし、ほとんど残食はなかった。それに、いつもは、「野菜、嫌い……」とぐずぐず言っているのぞみが、今日は全部きれいに、しかもあっという間に食べてしまっていたのだ! 子どもたちも「今日ののぞみちゃんすごい!」とびっくりしたくらいだった。

この日を境に、自転車乗りの練習は続き、無理かなぁ……とちょっと心配していたわたるまで、全員コマなし自転車に乗れるようになり、運動会では、見事、このコマなし自転車乗り競争を披露することのできた子どもたちだった。太っ腹の園長先生が、新しくかっこいいピカピカの自転車も四台買ってくださり、当日は、新しい自転車にまたがり満足そうな子どもたちだった。私たち保育者の力より、はるかに大きい、『友達の力の偉大さ』につくづく感じさせられたのだった。

（中上　由紀子）

解説

子どもたちが互いに教え合う力を活用する

子どもたちが互いに教え合う力をいかに活用するか。これは、集団での保育の一つの要点でしょう。本事例では、そのことがよく見えます。

技能を要する活動、自転車とか一輪車とかは園に導入する以上は、全員が乗れるように指導するのが原則です。では、それを逐一、保育者が指導していくのがよいのか。それは、場合によって異なります。子ども同士で育ち合えると思えるなら、できるかぎり、その力を活用したいし、保育者が介入するにせよ、それを少しにとどめ、あとは、子ども自身の力に委ねたいのです。

自転車に乗りたいと子どもたちは思っています。でも、なかなかむずかしいのです。運動神経のよい子はすぐに乗れるようになりますが、要領の呑み込めない子どもはなかなかマスターできません。補助輪なしの自転車は、いつ倒れそうになるか、不安を誘いますし、身体の使い方が補助輪のある場合とまるで違います。（そこで、最近の実践では、最初から補助輪を使わずに、サドルをいつでも足を着けるくらいの高さにして、倒れそうになってもだいじょうぶだと思えるようにしつつ、支えなしに走る感覚をつかませるようにします。）

ともあれ、この場合は、運動会で補助輪なしの自転車を使った競技をしたいというところから、自転車に乗れない人は練習しようということになりました。乗れる人が教えてあげることになり、みんなで練習をはじめます。ただ、応援するのではなく、具体的に、前後を二人がかりで支えて、倒れないようにしたうえで、細かくポイントを指示します。苦労して覚えたばかりだからでしょうか、その指示は大事な点をうまく押さえています。見本も示してやります。倒れても、それを通して上手になるのだと励まします。多少動かせるようになると、そっと手を離し、様子を見ます。その練習を通して、子どもたちは自転車に乗れるようになり、さらにカーブを曲がるなどむずかしいところも乗り越えていきます。翌日以降も自転車乗りの練習が続き、運動会では競技を無事に披露できました。

おそらく、どんな場合でも、子ども同士の教え合いがうまく働くわけではないでしょう。この場合、自転車に乗れる子どもはつい最近そうなったところで、どうやったらよいか、どこがむずかしいかがよくわかっています。また、それを手本として示すこともできます。さらに、そもそも、自転車乗りがさほどむずかしい技能でもなく、最初の地面から足を離し、しばらく進む際の感覚をつかめば、あとは、それを繰り返せば覚えられます。転ぶと痛いのですが、それは支えてやったり、痛くなどないと励ましてもらえれば、乗り越えられます。

何より、同じレベルでの応援が利いているのでしょう。同じ仲間として頑張ろうという気持ちがあるからです。一緒に運動会を楽しむという目標があることも大事な点です。

事例 13

なわとび

苦手なことに挑戦する気を起こさせる

佐渡のT園長先生のところでは、島外の保育者が百名くらい集まって二泊三日の研修会を十年くらい続けている。

午前九時過ぎ、保育園の遊技室に行くと、もう大勢の保育者の方が見にこられている。土曜日で登園児が少ない。女児四、五人がなわとびをしたり、トランポリンで遊んでいる。男児たちは何となくもつれ合ったりして、ときどきひょっとなわとびに入るが、誰も跳べずに、一、二度の挑戦で、すーっといなくなってしまう。

こういう場合は、保育者が放任することは許されない。が、無理に誘っても、子どもたちの意欲は湧いてこない。

何となくヘラヘラして、実るところまでは努力せずに、やりたくないものはやらない。簡単なもの、好きなものを、好きなときに好きなだけやる。そういう子どもはよくいる。そういう子どもに見える翼。でも感性は豊かに見える。体も引き締まってスラリとしている。こういう子どもに、どうやる気を起こさせるか。あとの男児太郎と鉄男も、翼へのかかわり方次第で、自分たちからやる気をもたせることができそうと判断する。

大なわとびを女児たちに回して跳んで遊ばせ

ながら二十分くらいしたとき、翼が室内用の高さ二メートル近い鉄棒を両手でもってぶら下がっている、その時間が長い。チャンスである。見学の方になわを代わってもらって翼のところに行く。床にもう降りていたが、「翼くん、すごいね。この高い鉄棒に長ーい時間ぶら下がって。一年生でも三十秒くらいで落ちちゃうのに、君はずい分長い時間平気でぶら下がれたね。おばちゃん（本吉）なんか、一、二、って数えて二十くらいで落ちちゃうけれど、もう一回やって見せてくれる？」

こんな会話を聞きつけて子どもたちが寄ってくる。なわとびやトランポリンのうまい子どもたちが、われこそはと鉄棒にぶら下がるが、だいたい十秒から二十秒で落ちてしまう。

やっと翼の番になった。「おばちゃん時計の秒針と同じ早さで数えるから、みんなも聞いていてね」翼がぶら下がった。「一、二、三、四……六十、六十一、……七十、七十一、七十二、七十三。すごーい、すごーい！　一分十三秒もぶら下がった。すごーい、すごーい。チャンピオンだ。これは、すごーい。おばちゃんの保育園の子どももよくぶら下がったけれど、最高一分くらいだったよ。翼くん、さあこい。なわとびやろう！」

なわとびは跳べないので、おそらくはあまりやりたくないであろう翼にぐずぐず言わせず、手をぐっと引っ張って、なわとびのところに連れて来る。なわの片方を見学者の若い先生に持っていただき、私と二人で回す。回しながら、「先生、子どもの一人一人に注意して、跳べないうちは、その子どもにとって一番よい回し方を考えて一生懸命回してくださいね」とお願いする。

前から少し練習していたけどうまく跳べない一人の太郎、遅れて登園してきた鉄男も、少しやったり、外れてフラフラどこかに行ってきたりしていたが、入ってきた。

翼は跳べない。「それー」と、彼に合わせてなわを回してあげても跳べない。「さあ、もう一回」「もう一回」「それー」バタリ、一回跳べた。「なわが前に来たらね。それ!」バタリ。バタリ。「そう、もう一回!」

あとの二人も歯を食いしばって無言。いい表情だ。真剣なとき子どもは笑わない。

「もう一回」「もう一回」バタリ。バタリ。バッタリ、バッタリ、バッタリ。「うわあ、翼くん三回続けて跳べた!」「そうそう、太郎くんの汗いいよ!」「鉄男くんも、それーっ」

一時間、一時間半、……。「先生、なわをしっかり回してください。跳びやすくね。一人一人のタイミングよく見てね。一生懸命回してくださいね」命がけ、と言ってもうそではない。こういうとき、保育者は一切を捨てて向き合い、この子どもたちが跳びやすいように精神を集中してなわを回す。やがて、翼が跳び出した。うまくなわの中に入って、一、二、三、四、五、六、……。太郎も鉄男も。「すごい、すごい! 翼くん、太郎くん、鉄男くん、みんなすごい! 跳んだ! 跳んだ!」「それもう一回」三人ともスムーズに、回っているなわの中に入り、トン、トン、トン、トン、トン、とリズミカルに跳びだした。

もう十二時を過ぎている。午後の研修のことも気になる。「もう時間がないから、あと一回で終わりにしましょう」と言ったとたん、翼が叫んだ。「オーイ、三人で跳ぼうぜ!!」

翼を中心に鉄男と太郎、三人で肩を抱き合って、トン、トン、トン、トン、……と大なわとびを跳びだしたのだ。見学されていた方たちの割れるような拍手。そして三人は肩を寄せ、まるで米俵のように丸くなって床にゴロゴロ、転がりはじめた。

見学者の一人、I先生からのお手紙には、この日のことが以下のように書かれていた。

「公開保育のなわとびの行程、そして最後まで残った三人、「できた」と、くしゃくしゃの笑顔で肩を抱き合って床にくずれ込んだあの情景、ジーンときて思い出しても瞼《まぶた》が熱くなります。『本物の保育』感動でした。自分を出しながら集中して、順番をゆずる、など思いやりもみえて、意欲、思いやり、集中力、三つの柱が凝縮されていました。そして途中で抜けたTくん、『ぼくもやりたい』と言って来ましたが、『おばちゃんはこれから先生たちの研修会があるからもうなわを回してあげられない』『じゃ明日来る？おばちゃん来る？』と言っていた子どもたち。……（以下略）」


なわとびのなわの回し方も気になるが、二時間も三時間もなわを回してあげたことがないという保育者に、私は驚いてしまう。子どもが「もうやめたい」と言うまで遊ぶのが保育者の仕事だと思う。

（本吉）

解説

▼保育者の懸命な動きが子どもに移り、ほかの子を巻き込んでいく▲

何だか苦手だなと思ってやらないでいる。ちっとも上手にならないから、やる気も出ない。好きなことはいくらでもやるのだけれど。子どもだもの、そんなことが当たり前と思ってはいないでしょうか。たしかに、なかには簡単にはできるようにならないむずかしいことや、当人の現在の力からは遠いこともあります。しかし、まわりの子どもたちは何ということなくやっていて、当人もやってみたいと思って、試してはみるけれど、すぐにコツはつかめないから、すぐに止めてしまうということも結構あるものです。それも、保育者の指導いかんでできるようになるのかもしれません。

やる気が出なければはじまりません。でも、そのやる気も状況次第で、いくらでも出てくるかもしれません。ときに、強引でも引っ張ってみて、おもしろくなることもあるでしょう。少しだけでもうまくできて、突然、やる気がいっぱいになることもあります。

ここで、先生は、まず、子どものやる気を鉄棒に長くぶら下がれることに注目して引き出します。それも大変に具体的で、また秒を数えるという具合に、期待を高めていきます。

その後のなわとびのさせ方が大事なところでしょう。縄を回す保育者の側に注意をして、子ども一人一人に一番よい回し方をするように一生懸命に回すように言います。子どもに合わせて縄を回します。まず、子どもが一回跳べます。繰り返しやっていきます。今度、三回続けて跳びます。二時間以上も続けるというのは、保育者にとっても、子どもにとっても大変に長い時間です。保育者も、子どもも、縄に全神経を集中して、跳んでいきます。リズムが生まれます。三人が共に縄に入り、跳び出します。最後に、子どもは跳べるようになった三人が肩を組んで、一緒に跳びます。その後、三人は丸くなって、床をごろごろと転げたそうです。

無事にみんなが跳べるようになったことはすごいことです。でも、その結果の成功だけを見ても仕方ありません。それにいたるなかで、保育者がどれほど集中して、一人の子どものために縄を回したかが大事な点です。それは単に子ども一人一人を大事にするという決まり文句で片づくことではありません。具体的に、縄を回す際に、子どものそのときの様子をよく見て、それに合わせて、回してやることです。おそらく、一回ごとに微妙に子どものリズムはずれます。だから、うまく跳べないのですからそうなるでしょう。迷って止まりかけたり、急に動いたり、上半身と足の動きがバラバラであったり、合わせにくい動きを示すことでしょう。それに合わせていく保育者の動きは、きっと、全身で、子どもの動きをとらえて、手を振ろうと、懸命であったに違いありません。

子どもと保育者が縄を介して、動きを共にしていきます。それを通して、保育者の動きが子どもに移っていき、さらには、ほかの子どもを巻き込んでいく過程をここに見ることができます。

事例 14

プール：泳げるまで

楽しさの体験のなかでやる気を刺激する

「先生、顔つけできないの!?」

今年もプール遊びの季節がやってきた。プールがはじまると、毎年のことだが、必ずクラスに何人かは、顔つけが怖い子、水が怖い子、泳げない子がいる。もちろん、今年も同じ。保育者になって九年目、毎年、子どもたちと一緒にプールに入り、日焼けで真っ黒になりながら、一人でも多く泳げるようにと、あの手この手でがんばってきたが、一度として全員が泳げるようになった年は、なかった。

何をかくそう、実は、私自身、小学三年生まで顔つけが怖く泳ぐことができず、大変苦労した思い出があるのだ。自分が、泳げなくて辛かったという思いが強いこともあって、子どもたちには早く泳げるようになって、水遊びを楽しんでほしいと思うのだ。

だが、その思いが強過ぎてか、「泳いでみよう!!」「がんばって!!」と励ますばかりで、本当に泳げない人の気持ちになって考えてみたことがなかったような気がする。本当は、泳げなかった私が、一番、泳げない人の気持ちをわかってあげなくてはいけないのに……。

そこで今年は、「まず、泳げない人の気持ちに共感することからはじめてみよう」そんな思いで、プール遊びをはじめることにした。そして、私が子どものころ泳げなかったこと、今でも顔つけは苦手なことなど、正直に話してみた。

子どもたちは、すごく意外だった様子で「えーっ、大人のくせに顔つけできないの!?」とびっくり。実際に、プールにちょっぴり顔をつけ、その後あわてて、ブルブルッと顔を手でぬぐって見せると、逆に子どもたちは大ハッスル!!「先生、よく見ていてよ、こうやって顔つけするんだよ」と顔つけの見本を見せてくれたり、「先生、がんばって!!」と私が顔つけができるように励ましてくれる。いつもは、控え目な萌まで、私が顔つけできないと知り自信がついたのか、顔つけができるところを見せてくれた。「えーっ、みんなすごいねぇ。子どもなのに顔つけができるの?」と驚き、感心すると、われもわれもと集まってきて、それぞれが自分のできることを得意そうに見せに来てくれる。

先生ができないということは、子どもたちの心に優越感や自信をもたせるきっかけとなったようだ。なんといっても、先生は顔つけもできない、カナヅチなわけだから。ちょっとのこと

でも「えーっ◯◯ちゃん、そんなことできるのぉ!!　すごーい!!」と驚き、感心し、尊敬のまなざしで子どもたちのことを見つめる。そうなるとまたまた大騒ぎ、「◯◯ちゃんにできたのならぼくだって!!」というわけで、また私のところへ押しかけて来る。だから、「顔つけしてみよう！」「さぁ、手を持ってあげるから、バタ足の練習をしてみよう！」なんて一言も言わなくても、友達からの刺激を受けているうちに、どんどん自ら挑戦する姿が見られるようになっていった。

「プールって楽しい!!」

プール遊びでは、「泳ぐ」ことを目的とするのではなく、「水が楽しい」と思えるようにと考えて遊ぶよう心がけてみた。

今年の第一回目のプール遊びのときに気がついたのだが、誰一人『浮き輪』を持ってきていない。「どうして浮き輪持ってこないの？　浮き輪でプカプカ浮いたらおもしろいのにー！」とたずねると、「だってぇ。浮き輪なんか持ってたら、泳げるようにならないもん……」「泳ぐ練習できないもん……」と返ってきた。「そんなことないよ。浮き輪で浮かんだら気持ちいいよ。ラッコやイルカに乗ったみたいだよ。浮き輪持っておいでよ！」と誘っても「えーっ、本当に持ってきていいの……？」と半信半疑の子どもたちだ。

そこで、風船を三～五個ふくらませ、カラービニール袋に入れ、口を縛ると、一輝がマジックで顔を描いてくれ、サメ型即席浮き輪のできあがり。プールに浮かべてみた。するとあんなに、ブツブツ言っていた子どもたちなのに、わぁっと群がってきて、即席浮き輪は大人気だ。ぷかぷか浮かんだり、枕にしたり、小脇にかかえて背泳ぎをしたり、と浮かぶことを楽しんでいた。次の日から、子どもたちは浮き輪を持って来るようになった。顔つけが怖い子、泳げない子も、浮き輪につかまったり、浮き輪に腰かけて悠々とプールで遊ぶようになった。

そのほか、まだプールの水を五センチくらいしか入れてないうちに入って、プールの中に寝そべったり、プールの中ですべって遊んだり、水中かけっこ競争、チーム対抗水かけ競争（作戦会議をして、後ろ向き水かけ攻撃や、バタ足水かけ攻撃等をあみだす）、流れるプールづくり（みんなで、同じ方向にぐるぐる走るとできあがり）、音楽に合わせ、止まったところで、ジャボンッと水につかる、小プールに温泉の素（入浴剤）を入れ、おけやらタオルやら持ち込んでのお風呂屋さんごっこ、等々。「泳ぐ」ということを意識せず遊ぶようにしていくと、子どもたちが歓声を上げて遊んでいるときは、少々水しぶきが顔にかかっても平気で遊んでいる。

そんな楽しい水遊びのなかに、牛乳パックを使ったいかだ遊びがあった。約一か月ほど前、ひょんなことで、牛乳パックから、いかだがつくれると知った子どもたち。次の日に、和希が牛乳パックをたくさん持ってきてくれたことをきっかけに、牛乳パック集めがはじまった。おやつのときに飲んだ牛乳パックもきれいに洗って干しておき、大事にとっておいた。その牛乳パックの口をガムテープでしっかり防水し、つなげて板状にし、いかだをつくったのだ。横八個×縦八列の計六十四個の牛乳パックのいかだは、子ども一人が悠々と寝そべれるほどの大きさだ。

さっそく、できあがったいかだをプールに浮かべてみると、本当の船のようにプカプカ浮かんでおり、それを見た子どもたちは、「やったぁ!!」と歓声を上げ、大拍手だ。このいかだは、子ども三人くらいなら乗せて浮かぶことができるくらいの力があり、交替し合っては、いかだに乗って大騒ぎ!! 大人気!! だった。途中からは、一人ずつ順番にいかだに乗せてもらい、友達にいかだを引っぱってもらって、プール一周の遊泳をしたりして楽しんでいた。残念ながら、全員が遊泳を終えるころには、(あんなにガムテープで防水しておいたはずなのに……)バラバラにこわれてしまったが、これも、また、プールならではの楽しい遊びとなったようだった。

「ゴーグルなくても、目開けれるよ!!」

最近の流行なのか、ゴーグルをつけてプールに入る子が増えてきた。顔つけが嫌いな子、水しぶきがかかるのがいやな子もゴーグルをつけると恐怖心が減るようなので、だまって見守ってきたが、ゴーグルをつけなくても顔つけができるといいなぁと思っていた矢先の出来事。慶一が「オレ、水の中でも目開けれるぞ!」と得意気に話しはじめた。(しめたっ!!)チャンス到来だ。私は、わざとにびっくりした調子で、「えーっ、水の中で顔つけするだけじゃなくて、目まで開けれるのぉ!? 本当にー?」と話してみせた。「ほんとだよ!!」と慶一もムキになって答える。みんなも何事かと、大注目。

「じゃあ、本当に目を開けてるかどうか、確かめてみようか!! 先生が水の中で指を何本か出してみるから、何本だったか当ててくれる?」ということで、水中数当てをしてみることにした。慶一も名誉がかかっているので真剣だ。「せーのっ!!」のかけ声とともに水中にもぐった慶一は、私の指を数え「三本だった!!」と叫んだ。「あたりー!! すごい慶ちゃん、なんでわかるのぉ?」とびっくりして見せると、まわりで見ていた友達も思わず拍手を送っていた。

さあ、それからは、またまた大騒ぎだ。慶一に負けじと「ぼくだって目開けれるよ!」「わたしもできるよ、先生、指出してみて!」と、わいわい集まってきた。普段から、顔つけが平気な子には、わざと数えにくいように指を八本や七本にして見せたり、顔つけが苦手な子には、わかりやすいように、二本や三本にして数えさせた。指の数が当たるたびに「すごーい!! 本当に見えてるんだ!!」「先生なんて、顔つけるだけで精一杯……水の中で目開けるなんて、とても、とても……」と身ぶるいして見せると、ますます大ハッスルだ。友達同士、顔をつけてジャンケンをはじめたり、指の数を当てっこしたり、どちらが長く顔つけできるか競争したり……と顔つけを自然と楽しむようになっていった(なかでも、私と競争するのが一番人気だった。私とやれば、必ず勝てるので……)。

たまたま、この日のプールの休憩中に、主任から、子どもたちに、ゴーグルをつけて泳ぐことの危険性の説明があり、ゴーグルは禁止ということになったのだが、子どもたちは、「うん、わかったぁ! もうぼくゴーグルなくてもプールの中で目開けれるもん！」「わたしも、ゴーグルなくてもだいじょうぶ！」と素直にゴーグルをはずしていった。

「もしかして、小学校にまで、浮き輪持って行くつもりなの？」

顔つけができるようになっていくと、泳げるようになる子も増えてきた。だいたい顔つけができるようになると、顔つけワニ歩きまではできるようになるのだが、その次の「浮く」ということが、結構怖いのだ。私も「人間は、どんな人でも必ず浮くようにつくられてるからだいじょうぶなのよ」と言って安心させようとするが、だからといって、そう簡単に納得できるわけもなく……。しかし、ここでもまた、友達の力が発揮されていった。

泳げるようになった子は、自らがお手本となり、「いいかー、よく見ててよ！　こうやるんだよ!!」と実演つきで教えてくれるのだ。不思議なもので、友達からのアドバイスだと素直に受け入れ、挑戦しようとしはじめる。バタ足の練習のために、友達の手を持って応援してくれたり、蹴伸びをして、「浮く」ということがどういうものかを見せてくれたりと教える方も一生懸命だ。そして、友達が少しでも浮くことができたりすると、「やったぁ!!」「泳げてる!!　ばんざーい!!」と自分のこと以上に喜んでくれていた。そんな姿を見るたびに、友達の力のすばらしさに、ただただ、うなるばかりだ。

このようにして、八月の半ばころには、ほとんどの子が「浮く」ことができるようになっていったのだが、どうしても浮き輪から離れられない子がいた。誠と双子の兄弟利樹と明良だ。みんなが、どんどん泳げるようになっていく姿を横目で見ながらも、悠々と浮き輪に乗り、プカプカ浮いて遊ぶだけでいっこうに挑戦しようとする気配なし……。

無理に泳がすようなことはやめようと、心に誓ってはじめたプール遊びだったが、この三人の男の子たちの姿には、正直いってイライラがつのり、とうとう掟破りの一言を発してしまった。

「ねぇ、君たち三人は、いつまで浮き輪につかまって遊ぶつもりなの?」「もしかして、小学校に行っても、浮き輪を持って行って泳ぐつもりなの?」

さあ、この私の言葉にカチンッときた様子の三人は、「こんなものいらない!!」と怒って浮き輪をプールサイドに放り出し、猛然と挑戦をはじめた。どうやら、私の挑発に、まんまと乗ったようだ。私も挑発したからには、三人から目を離せないぞと思ってしっかり見ていくと、まず誠が顔つけから、ジャボンッと頭までどっぷりとつけてしまった。ただ勢いあまってのことだったようで、内心ひどく焦っていた様子だったのだが……。「すごい! 誠くん、頭まで水につけられるんだ!!」とほめられ、引くに引けなくなった様子。それに、頭までつけることができたということは逆に自信につながったようで、これを境に、どんどん自ら挑戦するようになった。利樹はというと浮き輪をプールサイドに投げ出したあと、顔つけワニ歩きをはじめだし、「なんだ利ちゃん、本当は泳げるんじゃないの! 利ちゃんは怖がって何もできないのかと思ってたけど、違ったんだね。すごいじゃない!!」と認めると、すっかり調子が出てきて、本当にすぐにでも泳げだしそうだ。明良はというと、そんな兄、利樹の姿に触発されて、こわごわながらも意地で挑戦をはじめていた。

少しでも、できるようになったことを見つけて認めるようにしたり、「手を真っすぐに伸ばすようにしてごらん」と課題を与え、努力してできるようになったことを認めていくよう心がけていくと、どんどん進歩していき、誠ら、三人も一日で泳げるまであと一歩というくらいにまでなり、「今日のこと、先生、連絡ノートに書いておいてよ!!」と喜んでいた。

「ぼく、保育園行きたくない……」

誠、利樹の二人はすっかり自信もつき、次の日もプールを楽しみに元気いっぱいに登園してきた。が、おそれていたことが起きてしまった。明良が「保育園行きたくない……」と言い出したのだ。もちろん理由はプールだ……。やはり、無理強いはダメだなぁと反省。

しかし、やりはじめたことだ。明良もほとんど泳げるようになっているのだから、なんとか自信をもってほしい。そこで、もう一押し、がんばってみることにした。

明良は、兄弟へのライバル心から、利樹に負けたくないという気持ちが人一倍強いので、今回は、その気持ちを利用することにした。案の定、利樹を引き合いに出されて、腹を立て、ムキになった明良は、プールに飛び込むと、がむしゃらに練習をはじめ、思惑どおりすぐに泳げるようになった。

泳げるようになると、うそのように元気になり、次の日からは、プールを楽しみにまた保育園に来れるようになった。

「クロールをしてみよう!!」

泳げるようになってくると、プールでの遊びはダイナミックなものとなり、飛び込む、水中で回転する、もぐると、ところせましと遊び、休憩時間になっても、なかなかプールから離れられないほどだ。

泳げるようになった子には、プールサイドの端から端まで泳ぐことを提案してみたりすると、また目標をもって取り組む姿が見られるようになる。そんななか、スイミングに通っている彩乃は、クロールや平泳ぎなどで泳いでいる。彩乃の様子を紹介していくと、見様見まねで、クロールにも挑戦しはじめた。ちょうどオリンピックが開催されていて、TVで競泳の様子を見る機会もあったこともあり、「第一のコース◯◯くん、第二のコース◯◯さん……」とオリンピックごっこ等も取り入れていくと大喜びだ。

準備体操のときや、休憩時間を利用して、みんなでクロールのフォームを練習したり、テラスに寝そべって、バタ足の練習などをしたりもしていった。泳げるようになったことで、新しいことへの挑戦に、みんなとても意欲的だ。クロールなどの泳ぎ方を知らせていくことで、泳げる距離もどんどん伸びてきた。残念ながら、息つぎをすることまでをみんなで挑戦することは、時間が足りずできなかったが、全員が泳げるようになったことは、私にとって驚くべきできごとだった。

クロールだけでなく、かえる泳ぎ、ラッコ泳ぎ（背泳）と、子どもたちは、いろいろな泳ぎを考え楽しんでいた。プール納めでは、それぞれに泳げるようになったことを、園長先生をはじめ、他クラスの保育者、他クラスの友達に見てもらい、みんな自信に満ちた表情で泳いでいた。「お兄ちゃんたちすごいなぁ!!」「上手に泳げるなぁ!!」と小さい友達からも感心され、ますます得意な様子の子どもたちだった。きっと来年は、小学校のプールでも自信をもって取り組むことができることだろう。

プールで泳げるようになってからは、水で遊ぶことが楽しくて楽しくて仕方ないようで、どの家庭でも、お風呂の時間が、どんどん長くなっているとのことだった（お風呂でもぐる、浮き輪を持ち込んで遊ぶなどして一時間近く入っているとのことだった）。プール納めの日も、プールが名残り惜しくて最後の最後まで、プールにしがみついて離れられない子どもたちだった。

（中上　由紀子）

解説

子どもの力に応じて課題のむずかしさを変える

楽しく覚えられたら言うことはありません。また、何ごとも正しいやり方を教えたいとも思います。簡単なことなのだから、頑張ればよいのだと感じたりもします。

水泳の指導はその代表でしょう。クロールなどの泳法があり、小学校でその泳ぎ方を教わります。だから、今のうちに、水泳の泳ぎ方を覚えておこう、健康にもよいしということで、園でも、また家庭でも、水泳指導に力を入れます。その一方で、まずは楽しくということで、もっぱら水遊びをしている園も多いでしょう。水に親しみ、みんなで水に戯れます。暑い日など、それだけで涼しくて、子どもは喜びます。

ちゃんと泳がせたいという願いばかりが強くなると、うまく泳げる子どもはよいのですが、それが苦手な子どもには辛くなります。泳げる人にはその怖い、いやな気持ちはわかりにくいのですが、誰でもがいきなり水に放り込まれて、泳げるようになるわけではありません。それが心の傷として残る子どももいます。とはいえ、ただ水遊びをしているだけでずっと過ごすのなら、冷房の部屋にいても同じです。気持ちがよいというだけで、子どもにとっての挑戦する経験となっていきません。

まず、先生が顔つけすら苦手だというところから、子どものプライドを引き出し、やる気をかき立てます。友達同士の刺激も生まれてきます。楽しいことだと思えるように、浮き輪を持ってきてよいようにして、さまざまな水遊びを展開します。いやがっていた水に顔をつけることだって、遊びのなかなら怖がりません。平気で楽しみます。ゴーグルを取らねばならないとなっても、一人が水中で目を開けられる自慢をしたところから、水中で指の数を当てるゲームに発展させ、みんながそれに乗ってきて、水中で目を開けることができるようになっていきます。

楽しい遊びのなかだとかなり大変なことでも子どもは気にしません。子ども同士の遊びのゲームや競争だと頑張るようになります。水中で目を開けるのも、指の数を当てるところから、じゃんけんや顔つけの時間の競争をしたりと発展していきます。その際に、保育者が、子どものできる様《さま》に心から感心した様子を見せたり、子どもの力に応じて課題のむずかしさを変えたりという配慮が大事です。

次に、浮くことができない子どもが残っているので、そのことに取り組みます。たしかに怖がらずに力を抜ければ自然に浮くのですが、怖がったり頑張るとかえって力が入って沈むので、苦手な子どもはなかなかできるようになりません。これも子ども同士の教え合いでポイントがわかっていきます。しかし、それでも取り組もうとしない子どももいます。保育者がここで直接に脅しめいた言い方を使ったのは気弱な子どもには危ないことでしたが、何とか子どもの頑張りでよい方向に転換できました。その後、クロールなども導入しましたが、それもさまざまな泳ぎの工夫のなかで進んでいくのです。

事例 15

巧技台で遊ぶ

遊びのなかで思考力や独創性を育む

「今日の研修会には、保育者のほかに、小学校の校長先生や担任をされている先生も参加されている」

事務室でそんな簡単な園長先生の説明のあったあと、保育室のほうへ行こうとすると、遊戯室で遊んでいる子どもたちが、「あっ、お客さんが来たー」と出迎えてくれたので入っていく。

巧技台を三段、約三十センチの高さに積んで、平均台の板を渡して、その上を大勢の子どもが渡っている。私（本吉）たち（私の保育を見るために参加された方たち）が入っていくと、それまでほかの部屋にいた子どもたちも参加しはじめ、長い列ができる。

三歳の美月は、台の上には立ったが少し高いので、前に一歩踏み出すことが怖くて棒立ちのまま一～二分が経つ。すると年長の強がそっと手をさしのべて渡らせていく。仲間に入りたかったが、ちょっとむずかしそう、怖そう……と不安だった年少児が、この強の行動を見て、一人、二人と列の後ろに並びはじめる。

先ほどまでスイスイと渡っていたのに、流れが遅くなり、年長にはものたりない様子が見える。

そこで、巧技台を壁のほうに寄せてみる。思っ

たとおり三歳児も片手を壁で支えながら一人で歩き出した。次に、段を高くしてみる。四十センチ、五十センチ。壁の傍らでも少し怖くなり、満足もした三歳児は、一人、二人と離れていく。また、広いところに平均台を移動してみる。さらに八十センチ、九十センチと高くする。目標が高くなり適度の緊張感が子どもたちの意欲を刺激している。できれば、達成感も満足される。

「おばちゃん、もっと高くして」「すごい！　もっとむずかしいのに挑戦したいって思える子どもっていいな。でもね、もうこの台がないから、これ以上高くはできないんだけど、むずかしくはできるわよ。いい？」「やって！　やって！」

そこで、平均台の端に小さなぬいぐるみの人形を一つ置いてみた。どの子も、渡り終わったところに置かれた人形を前に、ちょっと一呼吸入れ、ぽんとまたいで台の上に着くとほっとした表情を見せる。

次に平均台の渡りはじめのところに、人形をもう一つ置いてみた。今度は人形をまたぐのが怖いらしく、子どもたちは慎重に人形を足で押しながら前へ移動したり、途中まで押していって台から人形を落としたり……。

次に平均台の真ん中にも一つ置いてみた。「今度は、ぬいぐるみを落とさないで向こうまで渡ってみてね」

ここで年中の四歳児は一人を残してやめてしまった。「あのう、本吉先生、小さい子がやめてしまっていいんですか?」「小さい子が自発的にやめてくれるのは理想です。今までやさし過ぎるところを年長の子どもたちはがまんしてつき合ってきたんです。小さい子どもにもできるものでは、五、六歳児は退屈なんです」

思っていたとおり、壁につけたり、低い段ではものたりなかった年長児が残り、それまでほかの遊びをしていた子どもたちも、目を鋭くさせて入ってきた。真剣な面持ちは見ていて清々しい。やめていった四歳、三歳児たちはチラリ、チラリと、こちらを見ている。

台の上には、人形類、空箱や小さなクッション……などが次々に置かれ、九個を置くと、もう足を置く部分もないほどになった。一番むずかしいのは、ティッシュペーパーの箱を縦に置く、つまり子どもの足の長さに対して高さのあるものは怖い!

真剣な表情で次々渡っていく。「もっと大きいのを置いて」「ぼくは五個がいい」「わたしは七個」……。三、四歳児のほうはもう食事になろうとしている。そこで、「あと三回ずつやっておしまいにしましょう。自分で何個を置いて渡ったか覚えておいてね。台の上に立ったらお名前を言って、『六個置いてください』とか、『七個置いて』とか言ってね。それを一人三回ずつよ」

子どもたちは「ぼくは健二です。八個置いてください」「わたしは……」……。見学の方全員が子どもの数をメモしてくださっていた。

子どもたちに床に座ってもらい、「さっき健二くんは一回目八個をまたいで渡って、二回目は七個だったわね？」「そう」「そして三回目は？」「また八個」

「そうね、つまり健二くんは、八個と七個と八個、全部でいくつまたいで渡ったのかな？　難しいけれど、いろいろ考えて全部でいくつか数えてね。おばちゃんは、ここにある本を、八冊、七冊、八冊と置いて、一、二、三、四……二十二、二十三。全部で『二十三』だって数えるんだけど、これはおばちゃんの数え方。みなさんは、自分の数え方で、お友達のまねをしないで数えてごらんなさい」

「わたしは六個と、二回目は五個で、三回目は七個だから……」と手の指と靴下を脱いで足の指も使って「十八だ」と大声で知らせる愛美。

「ぼくは九個と九個と九個だから」と言いながらBブロックを九個ずつ並べて実に要領よく数える智也。

「おばちゃん、このテープ切って数えたいの」と紙テープをもってきて「はじめは五個で……」と何度も数えてはテープを一センチほどに切って並べて数える桃花。それを見て大地は「あまったテープちょうだい」ともらって、テープにエンピツで線を引いて、そのなかに、『1』、『2』、『3』……と数字を書き入れ、「えーとおばちゃん、『じゅういち』はどう書くの？」「おっ！　大地くん、すてきな質問。じゅういちはね、『11』って書くの。『10』と『1』だから『101』って書きたくなっちゃうけど、『11』って書くのよ」そして、大地は『12』をどう書くのかな？と見ていると、私に、「おばちゃん、『じゅうに』は、『10』と『2』で『102』って書いたらだめでしょ。『12』って書くんだよね」「大地くんステキ！　すごい！　そういうの応用ができる人っていうの。『101』って書くと『ひゃくいち』なのよ、『102』って書くと『ひゃくに』になってしまうの。じゃあ、『じゅうさん』はどう書く？」大地はにっこり、「『13』だよ」「スゴイ、数字が書けたね」

傍で見ていた子どもたちも「ぼくだって数字書ける」「わたしも書きたい」とみんな思っている。でも友達のまねはダメ。ぬいぐるみの人形を紙に描いて数える子ども、イスを廊下に並べて数え出した子ども、粘土をちぎって数えたり……。一番子どもらしかったのは、小さい組の子どもたちを連れてきて「動かないでね」と必死で数えはじめた和人。でも小さい子たちは動いてしまう。「動いてるものは数えられないね。大人だって、お池の中を動いてる金魚や鯉は数えられないのよ。和人くん、とってもいい経験してるのよ」「うん、小さいお友達はまだわからないから」「それじゃ大人はじっとしていてくれるかな？」「うん大丈夫」と答えたが和人は机の上の缶にエンピツがたくさん入れてあったのを見てエンピツを並べて数えはじめた。

もう十二時半、一時からの研修会に間に合わない。三、四歳と一緒に遊んだ一時間、その後の二時間半はあっという間に過ぎて、まだ、「おばちゃんもっと続きしよう」という子、数え方の決まらない子も三、四人いる。

「おばちゃん次のお仕事があるの、ごめんなさい。まだの人はお手紙ちょうだい」と言い残して車に飛び乗った。

翌々日から手紙が来はじめた。

『おばちゃんがまねしちゃだめってゆったから、わたしは悲しくて、おばちゃんが帰ったあと、一人でオルガン弾こうと思ってオルガンを見たら、白いところと黒いところがあったから、そうだこれを数えればいい、と思って数えました。そしたら21個でした』

『おばちゃんが帰ったあとで、セロテープを切って紙に貼って数えたけれど、おばちゃんは、少しおばあちゃんになっていたから、見えないかもしれないと思ってガムテープを切って紙に貼って数えました。全部で23個でした』

一人一人の手紙を読み、この子どもたちに数えた数のチョコレートを送った。言うまでもなく、次々と「ぼくにもチョコレートを送ってください」「わたしは23個でした、23個チョコレート送ってください」という手紙がきた。

非常に感動したのはこのクラスの担任の保育者だった。子どもたち一人一人が、全部別々の封筒に入れ、子どもが一人で私の住所を書いて、一人ずつポストに投函する、この面倒な体験をさり気なくなさってくださったのだ。

この園に行ったあと、新潟県のある園でも巧技台をセットして遊んでいた。少しずつむずかしくなったとき、雄太（四歳）が、台の上にべたーっと腹ばいになってしまう、五歳児たちはここでもまた、自分たちより小さい友達にはやさしい。しばらくは黙って待つ、行列は長くなるが、それでも待つ。誰も文句を言わない。雄太は数分そうしていていなくなる。しかしまたふらりときて、台の上にしゃがみこむ。そこで年長児に聞いてみた。

「どうして雄太くんはときどきこんなことをするのかわかる?」

「雄太くんもやりたいんじゃないの」

そう、そのとおりだ。

「私もそう思うの。雄太くんとってもとってもさみしいんじゃないかな?」

年長児たちもみんなうなずく。

「私、少し雄太くんと遊んであげたいんだけど」

そう言って雄太に、「おばちゃんと遊ぼう。飛行機つくって飛ばしてみようか」と言うと、こくんとうなずく雄太。広告紙をもってきて飛行機をたくさんつくる。新聞紙の真ん中をまるく切り抜いて、上から吊るし、雄太と飛行機を飛ばして丸の中に命中させる。巧技台で遊んでいた年長児たちは、飛ぶ飛行機をつくってくれたり、雄太が飛ばした飛行機を拾ってきて、さりげなく飛ばしやすいように羽根を整えて置いてくれる。

「子どもっていいな!」と涙が出そうになる。「ねえ、雄太くん、やさしいお兄さんやお姉さんたちねえ。ぼくがさみしいの知ってたみたい。ぼくも仲間に入りたいって言いたかったのをお兄さんたちわかっていたみたい。大人より子どもってわかるんだ。雄太くんよかったね!」

続けられた巧技台の遊びでは、その後は雄太が遊びを中断させるような行動はまったくなかった。それどころか、うらやましそうに見ていた友達に、うなずきながら無言で紙飛行機を一つずつ分けてあげていた。

「今、お兄ちゃんたちが遊んでいるから」とか、「危ないからちょっと向こうに行っててね……」という保育者の言葉をよく聞くが、そういう対応のなかからは何も生まれてこない。いつもながらのことだが、何ごともなければ、人として育つ場がないことになる。何か起こってくれると人格形成に絶好のチャンスとなるのである。保育者が「むずかしい」と思う子どもがいたり、そういう状況が生じたときこそが、人間を育てる保育ができるときだと思う。

「子どもは叱らなくてよい」と叫び続けておられる平井信義先生のおっしゃるとおりである。保育がおもしろいのは、落ちこぼれたり、じゃましてくれたり、強く出てきたり、引っ込んでしまったり、そういう子どもがいるからであると私は思う。

（本吉）

解説

▼遊びの課題を発展させ、知的な課題へと変換していく▲

高さ三十センチほどの板を渡して、子どもたちが渡っています。三歳の子どもはそれでも怖くて、年長の子どもに手伝ってもらいながら渡ります。年少の子どもが増えてきますが、年長の子どもにはものたりないものです。そこで、先生は、少しむずかしいものにして、年長にとっておもしろくします。巧技台の段の高さを上げます。九十センチにもします。年少の子どもはすでに満足したせいもあり離れていきますが、年長の子どもは目標を高くもち、緊張感が増し、達成したときの満足感も高くなります。もっと高くして、という声が上がったところで、それは無理だが、その代わり、台の上に障害物を置いて、それを乗り越えるという課題を先生はつくります。

障害物の置き方も徐々にむずかしさを高めていきます。最初は、渡り終わる端とか、手前の端に置き、次第にその間に置く数を増やしていきます。置いたものは落とさないように、という指示を出すと、それができそうにない、四歳の子どもは参加を取りやめます。先生は、この際、年長の子どもが退屈になったようだから、彼らに刺激になるようなことをやってみようというふうに考えたのです。年長の子どもたちが真剣になって取り組みます。もっと大きいのを置いてと注文も出てきて、それぞれの子どもがいくつ置きたいと言い出すので、注文を取ることに切り替えます。

これが順調に進み、そこで、先生は課題を数の問題に発展させます。三回の置いたものの数を合計させるのです。先生が見本として、本を置いたものの数に相当するだけ重ねて、それを数えます。子どもたちは独自のやり方をするように言われたこともあり、いろいろなものを持ってきて、数えます。なかには、数字を書く子どももいます。

その後の手紙でのやりとりで、ご褒美に数えた数だけ先生がチョコレートを送ってあげたなど、子どもの感激ぶりを想像できます。

子どもの様子を見極めつつ、少しずつ高い挑戦する課題を提示していきます。その呼吸がよくわかります。思い切り力を出し切ったときの子どもの行動力と満足感の深さもここから見て取れます。さらに、課題を発展させ、数を数えて、足し算の基礎にもちこむなど、知的な課題へと変換していくあたりも、遊びのなかの課題がどのようにして数量などの課題になりうるかを教えてくれます。何より、子どもの誇りのある達成と、それを数が示すことが、子どもの頑張りを支えています。

このような遊びに乗らずに、邪魔をする事例が付記されています。その子どもも、その子につきあい、大事にして、おもしろい遊びを共有してやると、満足し、邪魔をする行動は消えます。その際に、クラスの仲間が助けてくれることも見逃せません。困った子どもの出現を保育の大事な契機とする保育のあり方がよくわかります。

事例 16

ビー玉転がし

子ども同士が刺激しあい、発想し工夫する

だんごづくりから、だんご迷路へ

だんごづくりの大好きな子どもたち、割れない強いだんごをつくろうと必死。土に水を少しずつ入れては、ていねいにこねている。土にもいろいろ（野原の黒い土、園庭の泥の土山、茶わんなどでこすってつくったきれいな土など……）とあり、強いだんごをつくるため、最初にドロドロの土を使い、次に野原の土を使い、最後にサラサラの砂をつけて仕上げるなど、工夫している。見ていると、どの子もみんなつくり方や、使う土が違うのはおもしろい。仕上がったあと、縦横にひびが入ってしまえば水をつけ、だんごの表面をなでている。ひびが入らなかったら大成功！

園庭の土山で、「よーし、誰のだんごが強いかやろうよー」と、勇。「割れませんように」と口々に唱えながら、転がっていくだんごの行方を真剣に見ている子どもたち。割れないだんごを見ると、「ヤッター！　今度は、ここからやってみようよ！」と、転がす位置がだんだんと高くなっていく。

「今度は、どこまで行くかやろうよー。レディー、ゴオー」　転がして割れないことから、関心は転がる距離の長さへと変化していった。

そして土山の中でも、デコボコがなく、転がる距離が伸びる場所をさがしはじめ、しばらくその遊びは続いた。

「あ！　そうだ。ぼく、道をつくろう！」今度は、だんごが転がりやすいように、道をつくりはじめた。土山の上から水を流しては、スコップで掘っている。まっすぐ降りてくる単調な道。「こればっかりじゃつまんないなー」と私がつぶやくと、「じゃあ、こんなクネクネした道にしてみよう」と敦志。

「そうだね、クネクネした道ならおもしろそうだね」と私。しかし、やってみると土山でカーブをつけるのはとてもむずかしかった。水を流しては掘っていく敦志。道ができるたびに、だんごが転がるかどうか確かめている。「敦志くん、ここでだんごが止まったよ」私が残念そうにつぶやくと、敦志はスコップで土を埋めてくれた。やってみると、今度は転がった。だんごが通る道の土の量は、多くても少なくてもダメなことを子どもたちは遊びのなかでつかんでいるようだ。また、クネクネ道も、はじめはかなり急なジグザグの道にしたかったようだが、泥だんごがスムーズに転がらないため、山に沿って、なめらかなカーブ道へと変化していった。

いよいよスタートから、ゴールまで転がるかどうか実験。しかし、途中で止まるところが一か所。そこは少し土が盛り上がっていた。土をどけ、今度は大成功。「先生、おだんご迷路ができたね！」と、うれしそうな敦志。

その日をきっかけに、だんご迷路の遊びが何日も続いた。やがてだんご迷路の途中に、二か所くらい落とし穴をつくったり、小さいスコップをひっくり返してトンネルとして使ったり、糸まきのしん棒を組み合わせ、その穴を通るようにしたりと、障害を取り入れ、とてもおもしろい、だんご迷路に発展していった。

だんご迷路からビー玉転がしへ

子どもたちは、転がして遊ぶ楽しさを知ったようで、家からビー玉を持ってくる子が、一人、また一人と増えてきた。そして今までにつくっただんご迷路に、ビー玉を転がしはじめた。また、ビー玉のサイズに合わせて、幅の狭い迷路をつくったりしていた。「これなら絶対こわれないよ！」と、ビー玉を自慢するようになった子どもたち。これをきっかけに、今まで戸外だけの活動であった泥だんご迷路も、ビー玉を使うことにより、室内での遊びへと変化していった。

泥だんごを山から転がすことを体験したためか、最初は大型積み木をたくさん使って、ビー玉転がしを作っていた。三角の積み木で傾斜をつけて、次に四角を組み合わせていたので、ビー玉はスムーズに転がらない。四角の大型積み木のところでバウンドしたりした。

それから幾日か経つと、大型積み木はほんの一部分（スタート台のところ）だけに使い、あとは全部小さな積み木（五センチサイズの立方体）を使ってつくるように変わった。そうすると傾斜が確実になり、ガタガタがなくなってビー玉がサーッと転がった。「ここにトンネルをつくろう。これをゴールにしよう」と、どんどんと構成していった。傾斜から落ちるビー玉は勢いよく転がるので、「あのところにも積み木を置こう！」と言って、ビー玉転がしの道の両側に、ビー玉が逃げないように積み木を置いた。

「先生見て、ぼくのビー玉転がしができたよ。一緒にやろう」と大智。「ねえねえ、ぼくの、こんなのができたんだよ！」と、子どもたちはいろいろなビー玉転がしを組み立てていった。なかでも消しゴムの人形を的当てに使ったり、幅の細い小さな積み木をドミノに並べ、ビー玉の勢いで倒したりと、かなり変化が出てきた。子どもたちが、それぞれつくったビー玉転がしで、一緒に遊ぶ毎日が続いた。単純に転がることから、ビー玉が落ちてゴールするまでの間に積み木で山や坂をつくり、ゴールが困難になるよう工夫するようになってきた。ゴールするには、ビー玉に勢いが必要となることを感じ、ビー玉を転がす手にも力が入っている。

ビー玉転がしの変容

「ねえ、先生、ぼくのはね、四つの入り口があるんだよ。それに、出口も四つあるんだよ」と圭吾。「圭ちゃんのすごーい、おもしろいね。どこの穴から出るかが楽しみだね。先生にもやらしてね」みんなが集まってきた。「圭ちゃんが考えたの、すごいね！ こういうのは、まだ誰もつくってないもんね」と私。認められたことで満足そうに、ニコッと笑う圭吾。

それに感化されたのか、もっとおもしろいのをつくろうと、子どもたちはまた考えはじめた。積み木を入れる箱の取っ手の穴を利用したり、積み木で傾斜や橋をつくって組み合わせたり……。また、ビー玉がどこまで転がっているかがわからないように工夫したものと、変化に富んできた。そのなかでも驚いたのは、陽介の考えたビー玉転がしだった。それは、立方体の積み木でつくったもので、上からビー玉を入れると、「カタカタ、カタカタ」と軽快な音をたて、ジグザグになって下に落ちていくものだ。外からは、どこまで転がっているかまったくわからない。見えないように四方を積み木で囲んでいる。完成したビー玉転がしの高さは約一メートル五十センチ。途中からは、イスを使って積み上げていた。そしてなんと十四回、ジグザグの道を転がりながら落ちていった。

ビー玉が、ゴールして見えたときは、おもわず「すごーい!!」と感動の拍手が沸き起こった。「陽介くん、これはすばらしい！　出てくるまでドキドキするね。こんなにむずかしいの自分で考えたんだよね。誰にもまねできないね」本当に見事なビー玉転がし、大人には到底考えることのできないすばらしいものだ。なかがどんなになっているのかのぞいて見ると、左右に三角の積み木を使い、右から左に当たると、ストッと落ち、そして今度は左から右に転がり落ちていく仕組みになっている。

翌日、木工遊びをしている陽介に、「陽介くん何つくってるの？」とたずねると、「ビー玉転がし」と言って、たくさんある木の中からビー玉転がしにふさわしい木を選んでいた。そして、最初に平らな木にクギを打ちはじめた。よく見てみるとビー玉のサイズに合わせて、クギの間隔を考えて打ちつけている。そしてその板の横に、細い木を持ってきて両側につけようとしている。「どうしてここに板をつけるの？」と聞くと、「ここからビー玉が出たらいやだから」と教えてくれた。両側の板は薄いため、板が割れはじめた。何度やっても、クギが板より外に出て割れてしまう。「どうして割れるのかな？　割れたら困るね」と声をかけると、しばらく考えてから、

「クギが大きいから。小さいのにしてみる」今度は小さいクギでやると、ちゃんと打ちつけることができた。

そして次にビー玉転がしを置く台をつくった。そして最後に三枚の板を使いトンネルをつくった。今度ははじめから小さいクギを選び、すぐにつくることができた。失敗の体験を通し、一つ一つのことを学んでいるんだと実感。こうして陽介はどんどん自分の頭で考えたことを形にしていったのだ。これには本当に驚いた。

遊びを通して成長した陽介

今までの陽介は、ベトベトの泥に触れることもできなかった。

暖かい野原で泥だんごをつくっていたある日のこと、みんなは一生懸命だんごを握っている。

そばでジッと見ている陽介。子どもたちと楽しい話をしながら、そっと陽介の手に泥だんごを乗せてみた。「握ってごらん。もっと固くなるよ」と声をかけると、陽介は一生懸命に握っていた。そして、泥だんごが自分でつくれるようになった。このことをきっかけに、どんどんと変化していった。

みんなが廃材で汽車や舟をつくっているときでも、「本がないとできない」とポツリ。何かを見ないとつくることのできなかった陽介。泥だんごやビー玉転がしをつくっていくなかで、「自分にもできる」という確信をつかむことができたのだと思う。じっくりと遊び込むなかで、子どもたち同士が刺激し合い、クラスの仲間から認められ、誰にも負けないくらい、自分で考え工夫できるようになった陽介。

遊びのなかにこそ、秘められた創造性は大きく花開いていくことを実感した。そのためには、保育者がどこまでも子どもの可能性を信じ、温かく見守っていくことが大切だと思った。

（川原　昌津美）

解説

遊びの経験の積み重ねが工夫のうえに工夫を生む

泥だんごづくりから、泥のだんごを転がし、転がり方を工夫するなかで、ビー玉転がしへと発展していった事例です。泥だんごをつくるところで、かなりの工夫があり、完成品への満足感が生まれています。その強さを試すという意味で、山の上から転がすということを子どもが思いつきます。最後まで転がっても割れないことで自信をもち、次に、どこまで転がせられるかという距離に関心が移ります。さらに、転がすための道づくりを思いつきます。はじめはまっすぐの道だったのが、くねくねと曲げて転がるようにしていって、なめらかな曲線の道がよいことを見つけます。土が盛り上がっていても、へっこんでいても、そこでだんごが止まるので、平らにしなくてはなりません。やがて、だんごを転がす遊びが、間に落とし穴やトンネルをつくるなど障害を入れるように発展して、迷路遊びになっていきます。

そこで、だんごの代わりにビー玉を持ち込むようになり、遊びが大きく転換します。ビー玉だと室内で遊べるし、それなら積み木が使えます。小さな積み木を使ったり、人形を的にしたり、さまざまな構成の遊びに展開していきます。ただ転がすのではなく、間に坂や山をつくり、ゴールにいたるのをむずかしくして、挑戦的な課題にしていくのです。なかには、ビー玉の転がる様子を完全に囲って見えなくして、意外なところから出てくるようにするなどの高度な工夫も出てきました。木を使って、ビー玉転がしを板の上でやろうとする子どももいます。

この事例ですごいことは、子どもたちの遊びが自ずと発展して、極めて高度なところにまで至る点です。決して最初から先を見越してやっているわけではありません。それは、子どもも保育者も同様です。次々に、何か新しくできることはないか、もっとおもしろくしたいと思って、工夫するのです。保育者ももっとむずかしくして、挑戦して、達成できたときの喜びを味わいたいと思うのでしょう。保育者も子どもの傍らで息をのみ、また応援し、ときに助言していたに違いありません。

その過程では、土にかかわり、だんごを転がす場所を探し、転がしやすい道を自分でつくりだし、という具合に、目の前の遊びの課題に子どもは取り組み、それをおもしろくする場所やものをまわりに探しています。ものや場所の特徴をうまく利用していくのです。それで足りないと、新しくそのものや場所に加工を加えていきます。そういった子どもがかかわり、自分の力でつくり替えたり、ものを加えたりできる環境が身のまわりにあって、そこで毎日のように遊んでいるのです。

そういった遊びの経験を積み重ねているうちに、次第に、工夫は詳細になり、工夫のうえに工夫を重ねていくので、高度にもなります。また、工夫を加えやすい素材を求めるようにもなります。泥ではなくビー玉に変えたことで、ずいぶん、工夫が広がったわけです。でも、それも、そのまえに泥の体験がたっぷりとあることが利いているのでしょう。

事例 17 パンクの修理

科学する眼を育てる

正章の自転車の前輪のタイヤがパンクしてしまった。
正章「空気入れたらだいじょうぶかもしれない」
二、三人の子どもたちが集まり空気入れで空気を入れている。最初のうちはパーンとふくらんでいるタイヤも、時間が経つとしぼんでしまう。やはりパンクのようだ。
保「このままだと乗れないね。どうしてパンクしたのかなあ?」
由香「えーとね、とんがった物とかが刺さると穴があく」
美保「あたしのおじいちゃん、パンク直せるよ」和宏「穴にぺったんて何かくっつければいいんだよ」保「どこに穴があるのかな。どうやったら見つかるのかな?」正章「よーく見たらわかると思う」優子「虫めがねを持ってくる」
しかし、みんなで虫めがねで見てもわからない。優子「虫めがねでもわからない」
遊んでいた年長児たちがだんだん集まって増えてきた。保「虫めがねでも見えない穴、どうしたら見つかるかな?」子「……」保「タイヤのほかに何か空気が入ったらふくらんで、穴があったら空気が抜けちゃうもの何かあるかな？」

正章「風船」

さっそく風船で実験をしてみることにした。

正章に風船をふくらませてもらって、とがったものでポンとつつくと風船はパーンと大きな音をたてて割れてしまった。勢いよくつついたので実験は失敗。そして穴が大きいため肉眼でも穴がはっきり見えてしまう。 保「目で見えるほかに、どうすれば穴が開いているかわかる方法はあるかしら？」 正章「えーとね、水を入れてみる」

さっそく蛇口のところへ行き蛇口に風船をつけている正章。みんなの見守るなかで蛇口をひねると風船に水が入りピューと水が出はじめた。

子「あっ！ おしっこみたい。 先生二つ穴があいてるね」「大きい穴と小さい穴だ！ こっちのほうがピューッと水が出る」

穴の大、小によって出る水の勢いが違っている。 保「正章くん、今度はタイヤでやってみ

よう。タイヤはあのままくっついたままがいいかしら？　それともはずしたほうがやりやすいかしら？」　正章「はずしたほうがいい」

　タイヤをはずしてみると、タイヤの中から黒いゴムが出てきた。タイヤがあるときはペッタンコだったが、中の黒いゴム（虫ゴム）はペッタンコになっていない。

　子どもたちも保育者も不思議に感じた。そこで今度は二度目の実験をすることにした。ナイロン袋をふくらませ、穴をあけた。一回目は穴が大き過ぎて失敗をしたので、小さくすることにしよう。　保「目に見えないくらいの小さな穴をあけたいんだけど、何が一番いいかな？」　綾子「押しピン」　由香「針がいい」

　ほかの子どもたちも綾子もやっぱり針のほうがいい、と全員一致。今度はそおーっと針の先でついてみる。　子「見せて！　見せて！　全然見えない」　保「さっきは風船の中に水を入れたけど今度はどうする？」

　さっきは風船の口から水を入れたけれど今度はビニール袋がくくってあるのでそれはできないと感じているようだ。また子どもたちは考え込んでいる。

　正章は、蛇口のところへ持っていき水を上からかけているが、それでも穴はどこにあるかはわからない。　保「さっきは水を風船の中に入れてわかったよね。今度は水をどう使ったらいいかな？」

　そう言葉をかけると、正章くんは足洗い場にたまった水の中にナイロン袋をつけた。すると、プクプクプク……。　子「あっ！　あわが出た！」　子「どこからあわが出るのかなあ？」

と泡の出ているところを見つけ出した。　正章「あっ！　ここだ。穴があいてる」保　「あわが出たところに穴があいてたね」　正章「そうだ、今度はタイヤ（虫ゴム）の穴があいてるところをさがそう」と言って虫ゴムをたまった水の中につけた。

クルクル回していると、プクプクプク……とあわが出てきた。「ここだ！」さっそくその箇所にマジックで印をつけた。

さあこれからが修理。　保　「穴があいたらどうやって直すといいのかな？」　正章「何か貼ったらいい。セロテープ、でも雨が降ったらダメだからガムテープ」

徹　「ガムテープも雨が降ったらダメだよ」

保　「どうしたらいいかしら。先生もパンク直したことないからわからないの。誰に聞けばわかるかな？」　子　「自転車屋さんに行って聞いたらいい」

みんなで自転車屋さんに行き、店員さんから「パンクしたのだったらこれがあるよ」と、パンクセットを教えてもらった。そのなかには虫ゴムに貼るゴムと、虫ゴムをつける接着剤が入っていた。

パンクの修理がはじまった。穴のあいている部分に接着剤をつけゴムを貼った。よくつくように金づちでたたいた。タイヤの栓をしめ、空気を入れやっとパンクが直った。

自転車に乗った正章の顔は青空のようにさわやかだった。


（本吉）

解説

課題を持続させ、子どもの工夫が必要なところにもっていく

子どもに科学的なものの考え方を教えるにはどうしたらよいのでしょうか。理科の教育をそのまま幼児期に持ち込むことはできません。講義を教師が延々としても子どもは聴いてくれません。理解もむずかしいでしょう。そもそも、子どもは自分が興味をもったところでこそよく考えるのです。

タイヤがパンクしたので、何とかしたいと思います。空気入れで空気を入れても直らないので、パンクです。とがったものが刺さって穴が空いたのだろうと思います。穴に何かくっつければ直ることは子どもたちも知っています。穴を見つけて、直したいと子どもが言い出します。

しかし、穴を虫眼鏡で見ても見つかりません。次に、風船で穴を空けて試してみます。そこに、水を入れます。穴の大きさで水の勢いが変わります。今度は、タイヤからゴムの輪を外し見てみますが、ペチャンコになっていません。そこで、ナイロン袋に穴を虫ピンでそっと穴を開けてみます。穴が見えないので、今度は、水の中につけて、あわが出るのを見つけます。タイヤも同じようにすると、あわが出てきました。そこでやっと、自転車屋さんに行き、修理道具を購入し、めでたく修理できます。

子どもの発見はずいぶんと高度なものですが、それが、本吉先生との対話を通して展開している点を見逃せません。子ども単独というのは、この時期にはむずかしいのでしょう。先生は、「虫眼鏡で

も見えない穴、どうしたら見つかるかな」とか、「目で見えるほかに、どうすれば穴が空いているかわかる方法があるかしら?」、「さっきは水を風船の中に入れてわかったよね。今度は水をどう使ったらよいかな?」などと疑問を投げかけています。おそらく子どもたちだけではすぐに行き詰まったり、一通りやってみたら、もう満足し、投げ出すところを、先生の問題提起や解決に向けてのヒントが助けています。

次にはどうしたらよいかたずねます。問題を具体的に焦点化させています。方法を見つけようといった示唆を出します。先ほどのことを、今やろうとしていることにつなげます。建設的に可能なところを先生は見出しつつ、課題を持続させ、子どもの手の届くところ、しかし工夫しなければならないところに次々にもっていこうとします。

自分たちのものを何とかよくしたいという子どもの願いからこの課題は出発しています。どうしたら改善できるだろう、直せるだろう、よくできるだろうという実際的な問いかけです。パンクしたタイヤであり、そこに空いた穴、そしてそれをふさぐという問題の設定が明確になっています。それでもどうしてよいかと子どもは迷いますが、それを軌道に乗せ、方向づける点で先生の対話が寄与しているのです。子どもは自力で解いているのではありませんが、といって、先生の指示に従って、受動的に行動しているのでもありません。方向づけを受けているからこそ、精一杯考えているのです。

事例 18

コマ回しと時間・回数

数的関心と理解を育む

「おはようございます」と、昨日から講演に来ている園の五歳児クラスの保育室に入っていくと、

「おばちゃん、拓ちゃんはコマ長ーく回せるんだよ」

「そうなの、ここからどのくらいまで長ーく回っていくの?」

「……あのう、そういうんじゃなくて、たくさん回せるの」

「あー、この箱の中のいろいろなコマをたくさん回せるの?」

「……あのね、えーとね、拓ちゃんはね、いっぱい回せるの」と困り果てた圭二に、私（本吉）は、「だから、この箱の中のいろいろなコマをいっぱい回せるんでしょ」と言う。

傍でコマを回していた慎太郎が、「ねえ、圭二くん、時間がいっぱい回せるっていうことでしょ」「そう、そう、時間がいっぱい回せるの」「わかった、拓也くんがコマを回すと、長い時間、コマが回っている、っていうことなの?」圭二はほっとした表情でコクリとうなずく。

「長い時間って何分ぐらい回せるの?」

「……」

「おばちゃんのいた保育園の通くんという六歳

の男の子は、一分五十三秒回ったんだけど、圭二くんや拓ちゃんは?」

「あのね、時計わからないの」

「そうか、時計がわからなければ時間もわからないわね。あの時計を壁から外して拓也くんが何分回せるか、時間を確かめてみるのはどう?」

「いい、いい、やろう」


時計を机の上に置き、まず秒針を見ながら、針のリズムに合わせて12時のところから数えてみる。「1、2、3、4、5、……55、56、57、58、59、60!!」

「60だったけど、もう一回数えてみよう。今度は下の『6』のところに針がきたらここから数えよう。1、2、3、4、……57、58、59、60!! 6から数えても60。じゃあ、今度はどうする?」

「1から数えたい」「そうね、1時の1から数えてみよう」


子どもたちが増え、机を取り囲んで、「1、2、3、……60、やっぱり60だ」

「時計は一回りで60なのね。今みんなが見た、この細い針のこと『秒針』っていうのよ。この秒針がない時計もあるの。ほら、おばちゃんの腕時計は秒針がないの。秒針がコチコチって動くのを数えるときは、1秒、2秒、……60秒、って数えるの。この短いほうの針は、一分、二分、60分って数えるの」

「じゃあ、おばちゃん、長くて太い針は1時間とか、2時間とか数えるの?」

「すごい! 当たり!! 拓也くんすごいね」

「それじゃあ圭二くんにコマ回してもらおうか

な？　そしてみんなで数えよう。秒針が12のところに行ったら回してね。……せーの」

子どもたちは一斉に数えはじめる。

「1、2、3、4、……44！」

「圭二くん、44秒回った。スゴイよ」

「今度はぼく」慎太郎は、48秒、タッチの差、4秒慎太郎が長かった。

「今度はぼく！」「次はぼく！」

「オー、すごい。君は51秒だ」

拓也は黙って見ている。

「次は拓也くん」

「1、2、3、4、……57、58、59、60。1、2、3、……20」

「本当だ、長ーく回った。何秒？」

「60と20」

「そう、そう、60秒と20秒ね。60と20を続けて数えてみましょう！　20はどこかな、ちょっと数えてみて、……そうね、4のところまで20、じゃ12のところが60になるから61、62、って数えてみましょう」

「60、61、62、63、……80」

「そうそう。拓也ちゃんは、グルっと一回りして60。そのあとも20回ったから、全部で80になったのね。拓也ちゃんは80秒も回った。すごい、すごい。圭二くんの言ったとおりだった」

「K先生もいっぱい回るよ。あっちがった、長ーく時間回るよ」

見ていたK先生がコマを回した。

「57、58、59、60、61、62、63、64!!」

「64だ、64だ」

するとK先生は、「私は64秒って言わないんだ。1分4秒っていうんだ。だって60で1分なんだもの」

「ぐるって一回りで60秒。それは1分、そのあと、カチ、カチって4秒回ったから、1分と4秒、大人だもん、えへん」

「よーし、子どももK先生に負けるな。もう一回拓也くん、回して!」

「57、58、59、60、1、2、3、……40」

「スゴイよ、拓也くんは1分40秒だ。K先生より長ーく回った!」

「さあ、みんなも自分のコマが何秒回るか、1分回せるか、やってみよう」

K先生がもう一個時計を持ってきて床に置いた。

二人ずつ回しては、二グループで数える。

「ぼくは25秒」「ぼく42秒」

圭二がとび上がって叫んだ。

「やったあ! 60と7だ」

「1分7秒!」

1分以上回せる人は何人になるのかな? みんなが盛り上がっているところに、三歳の達夫が来て、時計の上に両手を置いてしまう。

年長児はこういうとき決して怒らない。困った、という表情。達夫は手だけでは足りないのか、時計の上に腹ばいになってしまった。

「おばちゃんはこういう場面によく出会うんだけど、この保育園でも年長さんてすごい! 大人だってワカランチンの人がいっぱいいるのに、君たちはスゴーイ。どうして達夫くんダメ! あっち行け! じゃましないで! どいて! って言わないの?」

「おばちゃん、小さい人は怒っても泣くだけだよ」「そうね、そのとおり。でも達夫くんがこうしていると時間が読めなくて困らないの？　このままでもいいの？」「……おばちゃん、もしかしたら達ちゃんもコマ回したいんじゃないの？」「なるほど、ほかの人はどう思う？」「ぼくたちやおばちゃんと遊びたいんだよ」子どもたちは一斉にうなずいている。

「達ちゃんに聞いてみよう」

「達ちゃんもコマ回したいの？」

達ちゃんは顔を上げてちらっと年長児の顔を見るが、あまり積極的な返事はない。

「達ちゃん、コマはむずかしいからほかのことして遊びたいの？」

すると、今まで下を向いていた達ちゃんがコクン、コクンと顔を上下させてうなずくのだ。

「達っちゃん、東京のおばちゃんと遊びたいの？」「コマ回したいの？　教えてあげようか」

達ちゃんは時計の上から離れ、年長児たちを見ている。

「うれしいなあ、子どもってすてき！　小さな子は怒ったら泣くだけ、そのとおりなの。さっき達ちゃんがコマはむずかしそうだなって思っていたようだけど、おばちゃんがもう一度聞いてみるわね」

「達ちゃん、コマは少しむずかしそうだけど、もう少し待ってくれたらおばちゃんと剣をつくって忍者ごっこして遊びたいんだけど、それでもいい？　その前におばちゃんが一分三十秒抱っこしてあげる。ねえみんな、一分三十秒って長いわよね」「そうだよ」と子どもたち。

達夫を抱いて時計を見るとちょうど十時三十分。「さあ抱っこして廊下を歩いてくるから、時計を見ていてね」

言い残して長い廊下を赤ちゃんの組のほうに歩いて行く。「えっ！　赤ちゃんみたい」という子どももいる。実は、そういう子は、みんな抱いてもらいたい子どもたちである。

そこへ年長児たちが走ってきた。

「もう一分三十秒だよ。秒針（もうすっかり覚えてしまった）が12のところからグルッと一周して、6のところまでで90だよ」

「えっ、もう一分三十秒。コマのときは長いけれど、達ちゃん、もう一分三十秒だって。またあとで剣を一緒につくるから、今はお兄ちゃんたちとコマ回していいかな？」

年長児たちも達ちゃんに温かな目くばせをして、コマのほうへ行く。

何回も挑戦し、自分たちで秒針をしっかり見て、それぞれの子どもが、自分のコマの最長時間を確認、満足気である。

「おばちゃん、ぼく○○秒」「あたしは○○秒」

「ぼくは、さっき一分回ったよ」

「さあ困った。おばちゃんはみんなの一人一人のタイムを覚えていられない。君はお友達の分も覚えられる？」「……」「……」

「これでは誰が一番長い時間か、二番は、三番はもわからない。どうしよう？」

「あのさー、紙に書いておけばいいよ」

気の早い圭二たちはもうロッカーからエンピツや自由画帳を持ってきて書きはじめようとしている。

ここでまた二つおもしくなりそう。一つは個人個人が書いていても、全員の順位づけは至難。一つは、数字や文字のたどたどしい子どもは、「ふん」「びょう」をどのように表現するのか。

案の定、「28びょう」、「1ふん9びよお」等々、縦書きが多い、ここで私の大きな声の独り言、つぶやき。

「おばちゃんは、数字や時間を書くときは横に書いてみるんだ。『ふん』て書くのは『ふ』の字が書きにくいし、『びょう』も面倒くさいから、『ふん』は漢字で『分』て書くと簡単。『秒』はむずかしいから省略するんだ」

「これから学校みたいにするわよ。黒板に漢字で『分』て書いてみるわね。上に山みたいに八の字をくっつけて書くの。そうして横に書くの。『秒』はいちいち『びょう』って書かないで、『25び』だけにして、『ょう』は書かない」

また、拓也や圭二、美里や奈緒たちは、「一人ずつ書くと、またみんなの見てもわかんない」と困った様子。

ほとんどの子どもが一分以内なので、そのことも含めてみんなで相談、左側に子どもの名前を書き、横線を書いて、次の欄に時間を記入するような案がなんとなくできそうになっているところに、由香が事務室から罫紙を持ってきた。

「これ線が書いてある」

線をフリーハンドで書くことも、スケールを使うむずかしさも経験しつつある子どもたち、「うわぁー、線が書いてあってよかった!」と思わず線を書くのに苦労していた子どもたちが寄ってくる。昇一が、「真っ白いなんにも書いていない紙は絵を書くときだよ。字やお手紙とか、数字で『イチ』とか『ニ』とか書くときは、線が書いてある紙、使うんだ」

隅のほうで黙々と一人でずーっとコマを回していた陽介は、「先生見て、これさあ、昨日おばちゃんと将棋やったときの下の板（将棋盤）みたいに線書いたんだよ。ぼくね、一回コマまわせたらこの四角い線に1って書くの。それでね、もう17回まわせたの」見ると、最後のマス目に『107』と書いてある。『11』も『101』と書いてある。

「おもしろい、おもしろい。みんなは一度コマを回したら、何分とか何秒長くまわるのかを競争していたけれど、陽介くんは、何回、まわせるかやってみようって考えたみたい。17回もまわせたんだって」と言いながら、この紙をみんなに見せた。圭二や拓也、慎太郎たちが、怪訝そうに見ながら私のほうをチラッと見る。

「この数字の書き方変だと思う？」と聞くと、三人は黙ってうなずく。

「君たちは本当にやさしいのね。おばちゃんだったら、えっ、変なの、『17』は『107』なんて書くんじゃないもん……、なんて大きな声でいばって言っちゃいそうだけど。三人で陽介くんに教えてあげてくれるかなー」と言うと、拓也が、「おばちゃん、陽介くんはね、ちょっと数字書くの間違えちゃったけどね、コマを何回まわせるか、って自分で考えて回してたでしょ、だからぼくも陽介くんみたいに、何回まわせるかやってみたい」

「そうかあー。なるほど、子どもって本当にすごいね。友達のできないことを軽蔑したり意地悪したりしないで、できない友達にはさり気なくやさしく教えてあげるし、友達のやっていることを素直に認めたり、やりたいって素直に言えたり、みんなは学校に行っても思いやりのある友達で助け合えるわね、いいな！」

三人は、陽介にていねいに10から11、12……

の書き方を教えている。
その後、「ぼく100回まわす」という圭二。「ぼ

くは500回」「ぼくは1000回」……四人はコマのひもをスピードをあげて巻くと、1回、2回、と遊びはじめた。「おばちゃんの知っている保育園のT先生の組の子どもたちは、本当に1000回まわして数字も1000まで書けるようになったのよ。君たちも、次々と遊びを展開してすごいわね」

このあと、女児たちと遅く登園してきた子どもたちが、担任の保育者と、スケールを使って表グラフをつくりはじめ、名前を書くとそれぞれがコマをまわしては時計を見て、21秒だ、35秒だ、と時間を書き入れてずーっと続けて遊んでいた。

陽介たち数人も、ひきしまった表情で、コマをまわしては、1、2、3、……と、コマのまわっている時間を数え、回数も数えていた。

（本吉）

解説 ▼知的な関心をかき立て、教えたい内容を盛り込んでいく▲

ちょっとした折りにも、子どもの知的な関心をかき立て、またそこに、教えたい内容を盛り込んでいくことができます。「コマを長く回せる」と言ってきた子どもに、本吉先生は「ここからどのくらい長く回っていくの」と距離というように誤解してみせます。次に、コマの数という意味に受け取ります。別な子どもが「時間がいっぱい回せる」と言ってくれたおかげで、ようやく、その子どもは先生に言いたいことが通じます。

次に、先生は「何分」という時間をたずねてきます。何分くらい回せるのかを、別な子どもが「一分五十三秒回った」けれど、それより長く回せるかどうか、確かめてみようと提案します。そこで、まず時計の見方を教えます。秒針のリズムに合わせて数えていきます。六十であることを確認します。何人かが一斉にコマを回します。六十を越える子どももいます。六十一以降の数え方も教えます。別な先生が、六十秒は一分と呼ぶことを教えます。子どもは二手に分かれて競争します。一分以上回せる子どもは何人いるかなど盛り上がります。間に、三歳の子どもが邪魔して、先生が抱っこをしてやるときも、一分三十秒と数えます。

次に、誰が長いかを決めたくなります。紙に書き出します。しかし、いろいろな書き方があり、そこで、先生が、「分」という漢字を使うことを提案して、黒板に書いてみせます。話し合って、表の形に記入をしていきます。数の書き方が違う子どもがいると、子ども同士で教え合いますし、それを先生が思いやりがあるということでほめます。回した回数を書くことへも発展していきます。

コマを回す活動から時計の見方を学び、また大きな数の数え方を教わり、さらに、表のつくり方も知ります。わずかな（といっても一時間以上の）間にこれだけのことが起こるのです。

時計の見方を教えるのは決して簡単なことではありません。でも、このときは、みんなでどれだけ長く回せるかを競い合い、自分が長く回せることを示したいという熱意に燃えています。秒針の動きに合わせて、実際に声に出して数えています。針の動くリズムとそれに合わせて数を声をそろえて言っていくことが時間を刻むという感覚をつくります。その数の積み重ねが時間の長さなのだと身体の感覚で覚えます。

その時間の刻む長さが、同時に、コマの回り続ける間に対応します。競争するなかで、そのことを何度も確認します。六十からさらに八十にまでなりますが、そのときにはじめて、六十秒は一分とも呼ぶと知ります。数字は小さいが実は大きな長い時間を表すと実感できます。

時計を教える課題を保育者がいきなり導入して教えてもある程度はわかるでしょう。でも、遊びのなかでこのように長さを知りたい・比べたいと思うときに導入すると、こんなに効果的なのです。

事例 19

紙ひこうき

集中してものごとを考える

十月三十日（月）、朝から熱心に紙ひこうきをつくっている正斗。どうするのだろうと思い様子をうかがうことに……。すると、そこへやってきた卓も興味を示し、二人でどちらが遠くへ飛ぶかの競走になった。もう少し待ってみようかとも思ったが、部屋の中での紙ひこうき、思わず「先生にも、そのひこうきのつくり方教えて！」と、正斗流の紙ひこうきを教えてもらい外へ。

はじめ、適当な場所から飛ばしていると、「ここからだよ！」と正斗がラインを引いた。さぁ、ここからが競走だ。正斗と同じつくり方の紙ひこうきだが、私のは正斗のと同じ距離には落ちない。「なんで、ぼくが教えたのに……」とあれこれ言いながら、私のつくったのを助走をつけて飛ばしてみたり、ひこうきの翼をいじってみたり……。そこへ洋一、香奈恵たちも入ってきた。さてさて、おもしろくなってきそうな気配。ところが予想以上に洋一のだけがよく飛ぶ。そこで、みんなで紙ひこうきをつくり直すことになった。

そして、つくり直した紙ひこうきを飛ばし、競走が再開される。負けず嫌いの洋一は（だからいいのだが）、同じような位置に落ちると大騒ぎ。

「オレのほうが飛んだ!!」「いやいや、先生のほうが飛んだ!!」「じゃあ、もう一回しよう!!」「いいよ!」そして、またまた同じような場所へ―。「今度こそオレの勝ち!!」「えぇーっ、そうかなぁ………?」「だって、ほら………」と紙ひこうきを横に移動して並べくらべる。まわりのみんなも、うん、うんとうなずき、「洋一くんが一番!!」の声。

次は見分けがつきにくい位置へ三つのひこうきが並んだ。チャンスだ!!「やったー!!一番!!」と私のひこうきをわざと斜め前へ移動し、ほらっ! と並べくらべる。「ダメーっ、少し斜めにしたろう?」じゃあ、もう一回!! ともう一度元の場所へ戻し移動し、今度は同じような位置へ置く。「みんな一番でよかった!!」の声。（先週の本吉先生の講演会のときの保育実践で、子どもたちにいい意味での競争意識が乏しく反省したばかりだったので余計）ここでみんなが同じでは困ると思った。「先生、一番の人にはお楽しみがあるので、みんなが一番だと困るんだけど」と一言。

「えっ!? お楽しみ!?」みんなの顔がパッと明るくなり、そしてむずかしく険しい顔に—。さぁ、大変、どうにかして正確に一番を決めなければならなくなる。「うーん、どうしよう………」。一生懸命考える。

「あっ、いいこと考えた!! 線をずーっと引いて、百とか二百とか!!」と線を横に引きながら『1、2、3、4……』と書いていく。この活動が夏まえだったらな……と反省しながら、もう一言意地悪を言ってしまう。フリーハンドで書いていくため、それぞれの点数(?)の間隔はバラバラ。そこで、「あれっ? 八と九の間と、九と十の間の幅が違うみたいだけど」「うーん……」「ほんとだ。でもどうしよう?」と子どもたち。そこへ正斗が「あっ、ほらっ、このまえ由利ちゃんとわたるくんが表を書いていたときに使ったやつは?」「ダメ! あれは部屋で使うのだから!!」と香奈恵。「あっ、ほらっ、運動会の練習でカラカードのときにしたじゃん!! 線引いたよ! それ!! それ!!」と洋一。そこで、「ねぇ、それって巻き尺のこと?」と聞くと、「うん!! それ、それ!!」急いで職員室へ借りにいき、さっそく印つけがはじまった。「わたしが印つけるー!!」と張り切っていた由利、十センチ、二十センチ、三十センチ……九十センチ……と数えはじめる。「ここまでだよー!!」と園庭の端で手を振る正斗たちを見て、ギョッとした様子。「ええー!? あそこまでー!? イヤだー!」園庭に十センチ単位で印をつけていく由利の正直な気持ちだ。印つけがそこで止まってしまった。さて、どうしたものかとみんなで考えていると、わたるが「赤のところをつければいい!!」（赤のところとは、メートル単位のことのようだ）。由利もこれには大賛成！　今度は二人で一メートルから十八メートルのところまで印をつけていった。そして、ついに完成!!

じゃあ、大きい順ということで、なぜか順番が決まり、紙ひこうきレースのスタート。今度はみんなの目の色が違う。一人が飛ばすと、みんなでそばまで走っていき、「十二メートル!!じゃあ、十二点」「四メートル!!　四点」と点数も決まった。

「ええっと、一回目三メートルで、次、五メートルだから……八点」と地面に書いていく子どもたち。しかし、数が多くなると大変だ。なかなか簡単には点数を数えられない―。「先生、手を貸して!!」と、一つ一つ数える子、二十五、二十六、二十七と答えに近い数字を言いながらこちらの顔をうかがう子、パッと答えを言う子、それぞれだったが、子どもたちは真剣そのもの。子どもたちは、いつもならこんなにむずかしいことはとっくにあきらめているはずなのに、遊びに入り込み夢中で集中していた。ごはんの時間もとっくに過ぎているのに―。本当に遊びに入り込むとは、こういうことなんだなと改めて感じたことだった。

お昼からも続きがはじまった。この日は一日中、ずーっと紙ひこうきと地面のにらめっこだった。

（源　証香）

解説

▼子どもの活動を焦点づけ、努力し目指すべき点をきめ細かくみせる▲

ものごとに集中して取り組み、考えること、そんなことが子どもにできるだろうかとも思います。しかし、子どもの活動が広がりはじめたときに、うまく誘導していくことで可能になっていきます。

紙ひこうきを飛ばし、どちらが遠くまで行くだろうかという競争になります。適当に飛ばしてどっちが遠くだということから、子どもがまず飛ばす位置を決めます。ひこうきをつくり直して、また飛ばします。どちらが遠くまで飛んだか、微妙なときには言い合いになります。子どもは自分がはじめた紙ひこうき遊びだし、自分は得意だと思い負けず嫌いの性格もあって、誰が一番かにこだわります。

見分けがつきにくいところに三つのひこうきが落ちました。それを絶好の機会と見て、保育者は、正確に誰が一番か決めたい、賞品があると言い出します。そこから、線を横に引いて、数える工夫が生まれます。でも、幅がちゃんとしていないから、巻き尺を使えることを思い出して取ってきます。メートルとセンチメートルの単位を地面に刻んで、測ることにします。そして、何メートル飛んだかを見て、点数にしていくようにしました。それらの点を合計して、合計点で競います。それもまたむずかしく、一つずつ指で数えたり、暗算したり、大人の表情で決めたりなどします。

この子どもたちは一番になると賞品をもらえるから熱中したのでしょうか。それとも、数を数えることが好きだからでしょうか。どちらもある程度はあたっているでしょうけれど、肝心な点はそうではないと思います。どちらも、子どもの活動を焦点づけ、努力し、目指すべき点をきめ細かくみせているからではないかと思うのです。一番になるぞ、というすてきな目標とそれに向けての強い意志が生まれます。もちろん、紙ひこうき遊びで遠くまで飛ばすことが唯一の楽しみではありません。この場合、子どもがそれをはじめ、得意に思ったからこそ、保育者はそれを刺激したのです。

次に、微妙なところで、長さをきちっと比べようという意識をつくりだします。おそらくテレビで見た陸上競技とかでの様子を思い出したのでしょう。長さを決めるための線をいくつも引くことを思いつきます。それが正確にはならないのなら、スタートからの距離を巻き尺で測ればよいのです。さらに、地面に単位毎に刻みを入れていきます。それを通して、ひこうきを飛ばすことが、その目盛りの上を飛んでいき、ある距離の刻みの上に到達するというイメージをつくりだします。そして、その着陸したところの刻みを正確に把握しようとします。その刻みと対比するから、どのひこうきも一線の上に並べられ、比較されもします。わずかの差が一つの線の上の違いとして見て取れます。

数は何のためにあるかといえば、それにより、現実を丹念にとらえ、かつ数という単純で明快なものの上に置いて比較できることに大きな価値があります。子どもはまさにその価値をここで試し、納得しているのです。

事例 20

コートの真ん中どこ？

考えに考えて、生まれた結論

一月三十一日、朝から「サッカーしよう！」と子どもたち。（実は、以前、後援会長をされていた保護者の方のお世話でキッズサッカーの試合に参加することになり、先日子どもたちにサッカーを教えに来てくださったばかりです）

自分たちでやりたいサッカーだからこそ、何か起こるはず！　期待を胸に、ワクワクしながら子どもたちと一緒に園庭へ向かいました。

ゴールポストの代わりに机を立て、机に当たればゴールで一点。これも先日、保護者の方と一緒に、子どもたちが決めたルールです。

机を両側に並べ、コートを書きはじめた颯太。最後に真ん中らしきところへラインを引きました。しかし、真ん中かどうかは定かではありません。

颯　太「このへんだよね……」
みんな「わかんない。そこかなぁ？」
音　羽「うん、そのへんだと思う」
みんな「う～ん、そこだったかなぁ？」
保育者ニヤリです。
保育者「本当に真ん中はそこかなぁ？」
恭　介「うん、違うかもしれない！」
颯　太「ううん、ここだよ！」
恭　介「だって、こっちのコートのほうが狭かったら負けちゃうよ！」
琴　子「じゃあ、調べようよ」
さぁ、だんだん楽しくなってきました。ここからが年長児の醍醐味です。
郷　美「物差し持ってきて測れば？」
恭　介「物差しは小さすぎるからダメ！」
颯　太「巻き尺で測れば？　運動会みたいに」
みんな「それ、いいねぇ」
颯太、恭介、元、琴子が走って取りに行く。ところが、これまたうまい具合に巻き尺が見つかりません。四人とも困惑の表情です。しばらくして、
元　「あっ、そうだ。先生、ほらっ、前にカメを乗せてシーソーで遊んだよね。そのときみたいに紙に、一、二、三、四って印をつけていけばいい」
琴　子「うん、うん。そしたら真ん中がわかるよね！　先生、広い紙ちょうだい」
前日に本物のお金を使い、お買い物ごっこをしていた子どもたち。そこで、
保育者「あの広用紙、一枚五十円するの」
みんな「えぇーっ！　五十円もするの？」
琴　子「一枚五十円？　じゃあ、二枚だったら百円だ。百円あったら、ガムとチョコレートと……、いっぱい買える……」
（間）
颯　太「園長先生のお金がなくなるねぇ」
保育者「うん、何かいい方法はないかなぁ」
元　「先生、新聞はいっぱいあったよねぇ。（独り言のように）マジックで印をつけて、（納得したように大きな声で）マジックで書けばわかるよね！」

みんな「うん、それがいいねぇ、賛成」

元がさっそく新聞を持ってきて細かく切りはじめました。

保育者「どうして細かく切るの？」

元「だって、新聞紙、習字にも使わないといけないいし。切ったら少なくてすむよ！それに、切ったら長くなるよ」

なるほど、前回はブロック型の積み木を広用紙で包み込み、印をつけましたが、今回はまた考えてくれたようです。同じ活動にはならない子どもたちのすばらしさ、またあらためて感じました。

園庭の子どもたちも集まり、しばらく元が切るのをじーっと見ていましたが、

凛子「ねぇ、一人で切ると時間がかかるから、みんなで切ろうよ」

と、一枚の新聞紙を数人で切りはじめました。ところが一度に切ろうとするため、なかなかうまくいきません。子どもたちがいろいろ試しながら、結局、両端を順番に二枚重ねて切っていくことになりました。

たくさんの細長い紙切れができると、誰が言うわけでもなくテープでつなぎ合わせ、男チーム、女チームに分かれ、どちらが長くつないでいるかの競走に。しかし、どちらもゴールポストまでは届きません。そこで二つをつなぎ合わせることになりました。

ただでさえ、破れやすい新聞紙、しかも細く切ってあります。つなぎ合わせるのも容易ではありません。

端から端まで、やっとのことでつなぎ合わせました。

元がさっそく物差しで測り、目盛りをつけはじめました。見ると、一センチ単位できっちりと印をつけています（元らしい）。途中、ほかの子どもたちと代わりながらもくもくと書き入れていますが、時間はかかります。

琴　子「ねぇ、このままだったら終わらないよ。おやつの時間までかかっちゃう……」

そのとき、強い風が吹き反対の端を押さえていた、恭介の手から新聞が舞い上がりました。

元　「うわぁ、もう、しっかり押さえててよ」

恭　介「……」

またまたそこへ、未満児さんたちがやって来ました。さぁ、大変です！　園庭に細長くつながれた新聞紙を見て、大喜びで引っ張ったり、触ったり、ゴールテープにしたり……、このままでは印がつけられません。

恭介、真巳が石を見つけてきて新聞の上に置きはじめました。重石です。しかし今度はその重石まで触りはじめる未満児さん。これには年長児もお手上げといったようで、「ごめんね、これ大事なの。お願いだからあっちに行って」と手を合わせお願いする子どもたち。保育者のほうが見習うべきところかもしれません。

給食の時間になり、やっと落ち着き、印をつけることができました。

一センチ単位で印をつけ、十、二十、三十と書き入れていく子どもたち。もう、かれこれ三時間以上です。しかし、園庭いっぱいの長さ、これまた容易ではありません。大変さと空腹に「まだまだあるね……、ねぇ、何かいい方法あるかも……」と印を付けていない琴子、亜依香が徒歩で両端から数えはじめました。

亜依香「ぶつかったところが真ん中」
恭　介「ダメ、だんだん小さく（歩幅）なってるよ」
亜依香「……」

琴子も納得。しばらく頭をかかえ「ねぇ、半分にできるよ！　一回、前、先生もしたよね？　紙なら折れるよ！」と、持っていたあやとりの毛糸を半分に折って見せる。全員納得。

新聞が破れないようにしっかりと持ち、半分に。そして半分に折った新聞の片方の端に合わせ、「やったー！」の大歓声のもと、コートの真ん中へ印をつけることができました。

まるまる四時間。この日の給食は格別です。

また、自分たちで引いたコートでのサッカーは、いつも以上に盛り上がりました。

（源　証香）

解説 ▼タイミングをとらえ、子どもの考える風土をつくる▲

サッカー遊びを園の庭でやろうということになります。ゴールは決まっているのですが、真ん中の線を引かねばなりません。適当に子どもが引いたところで、保育者が、「本当に真ん中はそこかな?」と投げかけます。子どもたちは自信がありません。でも、狭いほうが不利だとはわかっています。そこから真ん中を決めるという作業がスタートします。子どもたちは頭を振りしぼって考えます。

まず、物差しを使うという案はそれが小さすぎて駄目です。運動会で使った巻き尺はよい案ですが、見つかりません。紙に数字をつけて並べようという案はその紙の値段が高いので、保育者が無理だと指摘します。そこで、新聞紙を使うことを思いつきます。新聞紙を持ってきますが、一人の子どもが細かく切りはじめます。長くつなげようというのです。何人かがはじめます。切り方も、両端を二枚に重ねて切る方法を見つけます。細長い紙切れをテープでつなぎ合わせます。男児と女児にわかれて、二つつくったのを一つに合わせたら、何とか端から端まで届きます。次に、物差しで一センチ刻みの目盛りをつけはじめます。ところが、風が吹いたり、小さな子どもが邪魔したり、なかなか進みません。それにしても長すぎて、終わりそうにないのです。そこで、何かよい方法が別にないかと考えはじめます。徒歩で歩数を数えるやり方も試しますが、不正確になると言われて使えません。そこで、ついに、半分に折るというやり方を一人の子どもが思いつき、あやとりの毛糸でやってみせます。みんなが納得し、全員で細長い紙切れの列を半分に折り、端を合わせて、そこに印をつけます。そこがたしかに真ん中なのです。

なんといろいろな工夫をしていることでしょうか。そして、最後のやり方が、与えられた条件のなかで最適な見事な解決方法です。大人でも思いつかないかもしれません。それに、一つの線分をちょうど半分に折れば、折れたところがちょうど真ん中になるという数学的な法則に適っています。半分ということを、実際の紙を折るという作業と、サッカーの真ん中を決めるという必要を統合することで理解したのです。

子どもたちは、何か困ったら、調べてみよう、工夫してみよう、何かよい方法はないかと日ごろから考える習慣があるのでしょう。そこに、保育の成果が見られます。そもそも、保育者がうまくタイミングをとらえて、本当に真ん中かどうかという問いを発したところから、この探求ははじまっています。考える風土をつくることが保育の大事な点に思えます。

子どもたちにとって、サッカーをちゃんとしたルールのもとで、公平にやりたいという思いが育っていることも見逃せません。細部までの細かいルールを厳密に守るというよりも、子どもたちなりの公正さを追求しているのでしょう。

事例 21

「右」と「左」

楽しさのなかで知的な活動を展開する

六月三日　「右と左」

おやつを食べ終わったころ、本吉先生と園長先生が部屋へ入ってこられた。子どもたちは突然の来客に少し驚いた様子ではあったが、大喜びで、人なつっこい性格を丸出しにして、祐などは「こんにちは！　握手！」と自ら握手を求めに行くくらいだった。祐に続けとばかりほかの子どもたちも握手を求めに本吉先生のまわりに集まり、あっという間に青組は大握手会となっていた。

そして大興奮の子どもたちは、今度は自分たちの描いたザリガニの絵を先生に見ていただこうと、「ぼくのはあれ！　あそこのやつ！」「わたしのは、これっ！」と一生懸命に壁に貼ってある自分の絵を指さし大騒ぎだ。

しかし、そこで、「あれっ、あれっ！　とか、それっとかじゃおばちゃんにはどれだかわかんないわ。きちんと説明して教えてちょうだい」とする。本吉先生の厳しい指摘が入り、私はドキッとする。ところが子どもたちは何のことを言われているのかさっぱりわからない様子で大騒ぎを続けている……。

「おばちゃんは、こういうことには厳しいわよ」と言って笑われると、先生は、右がどっちで左がどっちか子どもたちにたずねられた。しかしほとんどの子どもたちは右と左がはっきり答えられない……。

本吉先生は(困ったわねぇ……)という表情で、今度は、「右から何列目で上から何段目(または下から何段目)にある」という方法で説明すると、自分の絵がどこに貼ってあるかがすぐにわかることをていねいに子どもたちに知らせてくださった。「きみの名前は?」「ひろのこういち(広野康二)!」「じゃ、康一くんのザリガニの絵は右から何列目?」「えっと……七列目」「一、二、三、……六、七(と指で列を指し示して数えながら)この列のこと?」「そう!」「じゃ右から七列目の、上から何段目? 一番上? 二段目? 三段目?」「二段目」「この絵?」「うん!」「よくわかった! とってもよく描けてるね、すてき!」という具合にものすごくていねいに繰り返し繰り返し一人一人に同じ質問をしていかれた。何度か繰り返しているうちに言い方がわかってきてきちんと答えられる子もいたが、ほとんどがそばで聞いていてもどかしいくらいきちんと答えられないでいる……。

今年の年長児たちは例年に比べて幼い面があり、理解力に欠けている子が多いと感じていたが、歴然と浮き彫りにされていくのがわかる。また、理解力に欠ける子どもたちという思いが私のなかに強かったこともあり、どちらかというと私のほうが先まわりをして、子どもたちの言わんとしていることを不十分な説明でも理解しようとしてきたところがあることに改めて気づかされた。また、右、左の理解や相手にきちんとわかるように話す話し方など普段から気づかせてこなかったんだ……と思うと、ゾクッと怖くなった。お迎えの時間と重なったこともあり、全員というわけではなかったが、本吉先生は本当に根気強く、そしてていねいに一人一人に自分の絵がどこに貼ってあるのかをたずねていかれ、かかわってくださっていた。そのなかで、いつもでしゃばりで人のことを横からうるさく口をはさんでくる佳織に対して「今はあなたにお話しているんじゃないの！　横から口をはさまないでちょうだい！」と厳しく突き放したり（その後、佳織へのフォローはきちんとしてくださった）、いつもおとなしく消極的な悟や竜哉がきちんと答えられると「君は、そんな隅のほうで座って見ているから、わからないのかと思っていたんだけど、きちんとお話が聞けていて、きちんと答えることができるね！　すごいよ！」と頭をなでて認めてくださったりときちんとポイントを押さえたかかわり方をしてくださっていた。また何度もたずねてもきちんと返答できない弦、千夏、あゆみ、優希らについては、「この人たちは、きっとこれから中上先生を手こずらせる人たちだと思いますよ」ということを教えてくださった。ザリガニの絵からも、全体的に伸び伸びと楽しく描けているが、優希、千夏、翔、洸、弦、加奈、あゆみの絵は「少し心配ですね」ということだった。部屋に入られてまだ十〜二十分ほどしか経っていないのに、本吉先生は二十三人の子どもたちを一人一人するどく見抜かれている。

絵の説明のときの子どもたちの理解力のなさを感じられ、本吉先生は、今度は白い紙にエンピツで何本かずつ縦と横に線を引き、マスをつくると、一つ一つのマスの中に、正方形、三角形、長四角、長丸、うさぎ等の動物、数字などを描き込んでいかれ（一つずつ子どもたちにこの絵は何かとたずねられ、図形や数字などをどれくらい理解できているのかも調べておられるようだった）、右端の一番下のマスに「右」、反対側に「左」と漢字で書かれた。

「これは漢字で書いてあるけど、みぎとひだりと読みます。みんなきちんと覚えてね。漢字は小学生にならないと習わないんだけど、みんなは漢字も覚えて！」と言われると、うさぎの絵は右から何列目で何段目に描いてあるかという問題を出して遊んでくださった。興味をもってみんな集まってきているが、やっぱり的確に答えることができない子がほとんどだった……。右、左がわからない子が多いことから、きちんと意識して覚えられるようにと「明日までにみんな右と左を三回ずつ漢字で紙に書いてきて！宿題！」と宿題を出された。お父さんやお母さんに教えてもらう！小学校のお兄ちゃんに聞く！と、子どもたちはそれぞれにやる気満々の様子だ。さてさて、どのくらいの子どもたちが覚えてこの宿題をしてくるのか、ザリガニつりのつりざおでさえ持ってこれないのんびりやさんばかりなので……楽しみだ。

宿題をしてくるにあたって「お家に書く紙がある？ 広告の紙でもなんでもいいんだけど」と子どもたちにたずねられた本吉先生。おずおずと自信なげだが「紙ない……」と拓也、優希が手をあげた。「紙ないの？ じゃ保育園の紙を中上先生に出してもらうから持って帰って書いてきてね。よく紙がないって言えたね。紙がないって言うの恥ずかしかったでしょ。でもないってきちんと言えるってとってもすごいと思うよ」ときちんとまわりの子どもたちに向けても話しながら認めてくださった。自信なげに手を上げていた拓也の顔がパッと明るくなった。私だったら、つい流してしまっていただろう……。こういう場面でもきちんとおさえて認めていかれる先生のきめ細かい配慮に頭が下がった。

「カードづくり」

半数以上の子どもたちが降園したころ、今度は画用紙を切ってカードをつくりはじめられた。そしてクレヨンでりんごやみかんなどを描きはじめられた。「どんな絵でもいいんだけど描いてくれる？」と様子を見ていた子どもたちに声をかけられ、何人かの子どもたちがクレヨンを持ってきて一緒に描きはじめる。花の絵だったりザリガニだったり、ひこうきの絵だったり、風船だったりしたが、同じ絵で一つ描いてあるもの、二つ、三つ、四つというふうにトランプのように描いていくように本吉先生に指示を出され描いていた。「これ、何に使うの？」と不思議そうな子どもたちに、「今は楽しんで描いてるけど、明日はこのカードでうーんとみんなのこと困らせてやるんだから！」とにこにこ笑顔で楽しそうにおっしゃる。きっと明日はこのカードでうーんと頭をしぼられることだろうなぁ……とだいたい予想がつく……。

本吉先生は楽しそうだったが、私は日ごろの保育が明日あからさまに見抜かれていくのかと思うと楽しみ半分、怖さ半分だ……。カードづくりは「誰かピカチュウ描いてくれない?」ということから要がかわいらしいカードをつくってくれ、先生の言われたように条件もきちんと満たし、一〜五までのカードをつくり、十分に

先生に認めてもらいとてもうれしそうにしていた。また、翔と秀行(二年生)の兄弟もカードづくりで認めてもらったことがうれしくて、カードを家に帰ってつくってくる! とカードを持って帰ったりとどんどん楽しくなっていったようだ。ほかにも菜摘、章、莉奈たちもカードを持ち帰りつくってくる! と言って明日の活動への期待をもちながら降園していった。とくに駿はカードづくりのあと、みんなが帰って一人になってしまったあともずっと降園するまで本吉先生に遊んでいただき、すっかりご機嫌だった。

六月四日 「右と左を漢字で三回ずつ書いてくる宿題」

昨日の宿題をどれくらいの子どもたちがやってくるだろう……楽しみにしていたが案の定ほとんどの子どもたちが忘れている様子。カードのほうは紙を持ち帰っていたこともあってか、章、菜摘、莉菜、翔がそれぞれに描いて持って

きてくれていた。

十時ごろ本吉先生が入ってこられた。「今日も東京のおばちゃん来てくれるの？」と楽しみにしていた駿らは大喜びだ。本吉先生が、子どもたちを集め「昨日の宿題を覚えてる人はいるかしら？」とたずねられると、拓也、章、要の手が「ハイッ！」と上がる。拓也の紙には右と左の漢字が三つずつ、要の紙には一枚の紙に右側に大きく「右」左側に「左」と書かれきちんとふりがながうってあり、もう一枚にはひらがなで「みぎ」「ひだり」と書いてある。そして章の紙には紙半分の右側に「右」の字が三つ、左側に「左」の字が三つ書かれていた。

「おばちゃん昨日みんなに宿題を出したんだけど、きっとみんな忘れちゃってるだろうなって思ってたの。でも三人の人はきちんと覚えてこれたんだね！　すごい！」とほめてくださった。そして今度は忘れてきた人にも「今日宿題を忘れちゃった人？」と声をかけられた。「ハイッ！」と悪びれる様子もなく元気に手をあげる子どもたち……。しかしこの忘れてきた子どもたちにも、先生は「忘れたとはっきり言えるってすばらしいことよ！」と言って認められていた。「忘れてしまっても、ここにいて（本吉先生のそば）しっかりお話を聞こうとしているあなたたちの目はとっても真剣だ！　あなたたち、今度は忘れずに宿題してこようって思ったでしょ」「うんっ！」「おばちゃんたちが子どものころは小学校で宿題を忘れていくと、罰としてバケツにいっぱいお水を入れて両手に持って立たされたり、校庭をずーっと走らされたりしてたのよ。宿題を忘れたら何もできなくって辛いのよ。小学校に行ったら宿題がたくさんあるけど忘れたら困るな、忘れないようにしようと思うことが大切なのよ」ということを話してくださった。忘れてきた子どもたちも本吉先生のお話をじっと聞いていて何か心に残るものがあったように感じられた。私だったら忘れずに宿題をしてきた子どもたちだけを認めただけで終わっていたように思う。忘れずにしてこられた子はこれからだってしてこられるだろう。たしかに、忘れてきた子が今度は「忘れずに覚えておこう」という思いになれるかが問題なんだと思った。

また宿題をきちんとしてきた子に対してのほめ方も一人一人変化をつけた認め方をされていた。拓也は紙を昨日持ち帰っていたので忘れにくいということもあったと思うが、要が忘れずに宿題をしてこれたのは、昨日ピカチュウのカードづくりで十分に本吉先生に認めてもらったというれしい体験があったからだと本吉先生は私に教えてくださった。「宿題をすぐ忘れる」「できない」とすぐにマイナス方面に考えてしまっていたが、こんなちょっとした認められた喜びがきっかけでプラス方面に変化するのだなぁと改めて感じた。

「カード遊び」

昨日の夕方つくったカード、子どもたちがつくってきてくれたカード、そして私たち職員がつくったカードができあがっていたが、カード遊びのまえにみんなでもう一度カードをつくることにする。「自分でつくった」という思いがあるほうが遊びに入りやすいでしょうということだった。もう一度改めてカードのつくり方を説明される。「何の絵を描いてもよいが、同じ絵のものが一つから五つくらい描いてあるカードをつくるよう」という条件だったが、きちんとカードの意味がわかってつくることができていたのは、開宇、莉奈、竜哉くらいで、あとの子は好きな絵を楽しんで描いているが同じ絵柄で統一して描いている子はいなかった。開宇らが同じ絵柄で統一していることをみんなに知らせ認められると、ハッと気がつき菜摘や涼太らも同じ絵柄で描こうとするようにしていた。

用意していた紙にすべて絵が描きあがると、次はいよいよカード遊びのはじまりだ。はじめての経験に「このカード何に使うの?」「どうやって遊ぶの?」と興味津々の子どもたち。テーブル四つにいっぱいカードを広げていく。

「それじゃあ、おばちゃんが言うのをよーく聞いてカードを取ってよ!」とテーブルをぐるりと囲んだ子どもたちに声をかけ、「くだもののカードを三枚とって」とか「お母さんが使うものを何でもいいから二枚取ってきて」と問題を出されはじめた。はじめは誰にでもすぐにわかるとても簡単な問題なので、「これ!」「はい、見て!」と全員がカードを取ることができていた。

問題は少しずつむずかしくなっていき「赤い色のものを五個」「空を飛ぶものを六個」などになっていった。そして「二枚で五になるように」とか「二枚で八個になるように」などの問題に移っていくと、少しずつカード遊びから抜けていく子どもの姿が見られ出した。まず弦がそして翔が違う遊びへと逃げていった。「三枚で八」とか「三枚で十になるように」と三枚のカードを選ぶようになるとあゆみ、優希、千夏、洸、麻斗、英二、悟らにはもうわからなくなっていたようだったが、とりあえずテーブルから離れず参加はしていた。洸にいたってはまったく問題がわかっていないにもかかわらず「こう？」とメチャクチャに集めたカードを本吉先生のところへ持っていっては「違う！」と突き返されることをあきらめず延々と続けていた。あまりにもしつこくカードを見せに行くので、途中から本吉先生は洸に対しては問題を変え、「三つ描いているカードを二枚持ってきて」という問題に答えられるかどうかを見てくださった。洸も千夏も今はこのくらいの問題が限界だろうというお話だった。

逆に問題がきちんと答えられる子どもたちにとっては、どんどん遊びが楽しくなっていったようだ。「おばちゃん見て！」「はいっ、当たり！すごい！」とほめられるたびに表情は明るくなり、目が輝き出し、「次の問題出して！」と身を乗り出している。駿、雄太、開宇、涼太、要らは答えが当たると「やったー！　やったー！」と連呼しながら本当に小踊りして、ぴょんぴょんジャンプしながらテーブルのまわりをぐるぐるまわっていた。うれしいとき子どもは、スキップしたり、体が浮いたようにぴょんぴょん跳びはねると聞いていたが、まさにそのとおりだった！　この子たちは、知的な活動に飢えていたんだなぁ……とつくづく感じた瞬間だった。

もう一つ驚いたことは雄太らのようにスピードよくというわけにはいかなかったが、じっくりと何度もカードを取りかえ取りかえしながら一つずつ数を数え確実に答えを合わせていく竜哉の姿だった。いつもマイペースで自分から何かに積極的に取り組んだりすることのなかった竜哉が、すごく真剣に取り組んでおり、最後の最後まで、どんなに時間がかかっても根気強く成し遂げていったことだった。最後「五枚で二十になるように」という問題も他児たちが次の問題に取り組みはじめても、延々とカードをさがし続け、まず私のところへ、それから本吉先生のところへカードを見せに行き認めてもらうと、ニコッと笑ってうれしそうにしている。本吉先生も竜哉のマイペースだが確実に合わせていく姿を認めてくださり、決して竜哉に対しては「はやく」ということを言われなかった。

しかしみんなゆっくりと答えを合わせてきて認められていたかというとそうではなく、涼太などは、カードを目算することができず何度も一枚めから数えている姿を厳しく指摘され、「そんなグズグズ数えていてはだめ！ さっさと数える！」と厳しい口調で言われ、涼太もハッとしてなんとか速く計算しようと一生懸命に数えはじめていた。その子その子に合った対応や、メリハリのついた対応をされていることがわかった。

カード取りは、昼食の時間になったため一応ひとくぎりつけることになったが、理解できる子にとってはまだまだ続きがしたいほどのおもしろい活動となったようだ。とくに竜哉は、いっぱい認めてもらえてうれしかったのだろう、今日は珍しく竜哉のほうから「先生一緒にご飯食べよう！」と言ってきてくれる。いつになく明るくおしゃべりをしながら楽しそうに食事をしている竜哉だった。

（中上　由紀子）

解説

▼精一杯努力してやり遂げる楽しさを味わう▲

右と左の区別とか、数を数えて加えることなど、幼児教育としてははっきりとした目標にするかどうかは別として、幼児期に子どもが獲得していくことです。子どもの様子を見ていると、年長児くらいでできている子もいるし、理解が乏しい子もいるようです。何となくわかっているが、正確にはできないというケースが多いのかもしれません。

この事例で、先生は、右左を教える絶好の機会だと見て、その点を子どもに迫ります。子どもが自分の絵を見せたいと騒ぐところで、どの絵がそうかを「あれ、これ」という表現ではなく、右から何列目、上から何段目、という言い方で言わせようとします。一人一人にていねいにたずねて言わせて、列を指で指していき、どの絵であるかを確認します。そして、その絵をほめます。

右と左という表現は、話し手の視点によって方向を決めますから、誰から見てということが肝腎です。そのことの理解は子どもにはむずかしいのでしょうけれど、この事例では、先生と子どもたちは一緒になって、絵の貼ってある様子を眺めています。そこで、先生から見ての右・左は子どもから見てのものと一致します。左右と上下を組み合わせることで、座標の考え方を導入しています。でも、ここではとりあえず、右から数えることと上から数えることを理解させようとしています。

子どもは自分の絵をこれだと示したい一心です。それを、いったん、端から数えていく作業はまだるっこしいのですが、先生がどの絵を指すかわからないと言い張るものだから、仕方なく、先生の言葉の指示に応じて、何番目かを数えます。でも、先生がその絵がわかって、ほめてくれると、満足です。数えて、どれかを指示するということが楽しいこととなっていきます。

カードに同じ絵柄をいくつか描いて、それを使って、同じ種類の絵のカードを集めたり、二枚や三枚で特定の合計数になるようにカードを探したりするゲームをします。数の基礎には分類があります。同種であるから、それを数えていくつということに意味があるからです。

そのうえで、数をいくつか加えていくことができます。足し算というとむずかしいようですが、合計の数がさほど多くなければ、子どもでも可能です。先生は、徐々に、課題をむずかしくしていきます。ついていけない子どもも出てきますが、残った子どもたちはその遊びがますます楽しくなっていきます。自分の力を十分に発揮して取り組むことが楽しいのは、運動やものづくりだけでなく、数を数えるといった課題でも同じことです。頑張れば、また工夫すればできることを、精一杯努力してやり遂げる楽しさは変わりません。

そのためには、一律のやり方ではうまくいきません。ゆったり止まってあげたほうがよい子どももいるし、厳しい要求を課したほうがよい子どももいるのです。その見極めが大事に思えます。

事例 22

オセロ

ゲームのなかで数的理解を促す

朝からオセロゲームを楽しむ姿。盤は二台。私は、女の子二人のなかで、ルールを教えながら楽しむ。数分前に終わった男の子たちが、片づけはじめるが、つき添っていた大学生のMさん(男性)が、急に、「コマが足りない！　さがしてくれ～」と言いながら、子どもたちと部屋中かけまわる。

私は、どこにコマがあるかちゃんと知っていたのだが、意図があって知らんぷりをする。前日、降園後の掃除のとき、落ちている一つを見つけて隠しておいた。コマがなくなったらどうなるか、その展開を楽しみにしていたのだ。心配そうに「なくなった」という報告をするMさんに、そっと伝える。「私、わかっているからだいじょうぶよ。でも、そのままにしておいて」

しかし、まるで宝さがしのように子どもたちと楽しそうにさがしまわり、数分後、今度は彼一人で私のところへやって来る。

「先生、オレ、見つけちゃったんですが、でもこれってもしかして、子どもたちがどうするか見ていたほうがよかったんでしょうか？」

「う～ん、どっちでもかまわないんだ。なくて困ったらそのときに、子どもたちがコマがなくてはゲームができなくなることに気づいたり、白と黒だから自分でつくれることに気づいたり、そんなふうな展開もできるかと思ってた」

「でも、つくれるんだったら、別にさがさなくても、なくても困らないと思ってしまったら……」

「それは、保育者がどうかかわるかにもよるでしょう。今回は、Mさんがなくては困ると必死にさがし、今日は、子どもたちに示していたでしょう。だから、「あった〜」とうれしそうに見せたってかまわないし。起こった物事に対し、こちらが、どんなに小さなことでもキャッチして、それを大切に経験させてあげられたらと思うよ」

でも、せっかくなので、子どもたちに投げかけてみる。

「オセロのコマがなくなったんだって？」

「うん、一個」

「それで、見つかったの？」

「まだ見つからない」

「ゲームのときはあったんでしょう」

「ないよ」

「じゃあ、どっちが勝ったか、負けたか、どうしてわかるの？」

「一個ないからそこでやめて、多いほうが勝ちにした」

「え〜、そんなのもったいない。本当は勝ったのに、負け〜ってことになってもいいの？」

「それは、いやだけど……」

「直ちゃんさっきオセロしてたとき、ずっと負けてたよね。最後どうなった？」

直子「勝ったよ。最後の一個置いたらいっぱいひっくり返せた」

恵理「最後まで、わからないんだよね」

「最後の一個で勝負どうなるかやってみない?」子どもたち「やってみたい!」

全員賛成で、決まり。また、投げかける。「でも、コマっていったいいくつあってゲームができるの? 私そこまで考えてなかったんだけど、知ってた?」

子どもたち「知らない、調べようよ」

どんなふうに考えるのか、とても楽しみ!

すると、自然に、男児三人、女児五人に分かれ、男の子は盤の目を一つずつ数え、女の子はコマを、二つのチームに分かれて数えている。とても根気のいることだが、とても楽しそうな雰囲気、子どもたちはまるでクイズを解くように、目を輝かせている。盤の目を数える男の子三人、数えるたびに、その結果は、六十五、六十六、六十四と変わってしまう。男の子「数えるたびに違う」「じゃあ、一緒に数えよう」

私は、盤をかかげ、一マスごと数える子どもたちの声に合わせて指をさしていく。「……六十二、六十三、六十四。マスは六十四とわかったぞ!」そのとき、隆太が言う。「あのね、(横に)八個並んだ四角が、八列あるってことがわかった」「え~そうなの? ちょっとみんな、隆太くんが発見したよ」みんなに説明し、一~八までが何列あるか、指を折り数える。女の子「八が八回あった」「八が八だと合わせていくつあるんだろう?」男の子「六十四!」

そこでみんなで声を合わせ数える。そして、盤のマスは六十四、ということを確認できた。

「次はコマだよ。さっきから女の子ががんばっているけど、何かわかった?」女の子「盤が六十四だから、やっぱり六十四だと思う」

一人分のケースは、二列にコマを整理している。それを白列十六個、黒列十六個に分けている。合わせると三十二個とわかる。

「じゃあ、三十二個で、一つのゲームができるの？」「そう！　えっ？　違う！　このケース（一人分）と、もう一ついるんだった。え〜と、じゃ〜、もう一つのケース数える」また、同じように数え、「やっぱり、これも三十二個」「一人は、三十二個いるってこと！」直子と恵理は、コマを二列にずっと並べ、恵理は「二、四、六……」と数えはじめる。たぶん三十一個と答えるはず。同じように直子も数え、「こっちは、三十二個だよ」と言う。直子「白いくつ、黒いくつに数えてみたいから半分ずつ盤においてみようよ」恵理「一つの盤に白、黒半分ずつにしたらいくつずつになるかわかるよ」

盤の四列まで白、残り四列黒にして、半分は三十二、それが二つで六十四、マスもコマも六十四で、ぴったり！　でも、なくなったのが一個あるから、六十三しかない。同時進行で男の子たちもコマを数えていた。一人分のケースから一個ずつ出して数え、隆太「一列が十六、それが二列」浩二「十六と十六でー」と、またすべてを数える。男の子「三十二個だ」

隆太がもう一ケース持ってくる。続けて、三十三、三十四……六十四！」男の子「六十四ってことは、盤と同じ！」それぞれの考え方で、どの子もオセロ盤は六十四マスに分かれ、コマも六十四個必要とはっきり認識する。

次回は、一個減らすと、ゲーム展開はどうなるか……、という実験。楽しみだ。

（渡辺　八潮）

解説

▼子どもの数への興味を満たしてくれるゲームを楽しむ▲

オセロというゲームは、白と黒のコマを盤の上に並べて、相手の色のコマを間にはさんだら、それをひっくり返して自分の色にできるということと、最終的に自分の色のコマが多いほうが勝ち、というわかりやすいルールなので、子どもでも遊ぶことができます。盤は八×八のマス目に分かれていて、一旦置いたコマは外せませんから、必ず、全部を置いてしまえば、終わります。実際には、さまざまな方略が必要なため、子どもが大人を相手にしたら、そう簡単には勝てないのですが……。とくに、途中まで、一方の色でも、あるところで急に逆転が起きたりするので、スリルがあります。

この事例では、コマが一つなくなったことをきっかけに、マス目の数を数えることに進みます。実は、コマがなくなったことは保育者はわかっていて、それを何かのきっかけにしようと考えていたのです。コマっていったいいくつあるのだろうかと保育者は質問を出します。一個足りないから困る、一個不足だとどうなるかゲームをやってみようかということの直後だけに、コマの数への関心が高まっています。

子どもはそれぞれに調べはじめます。男の子は盤の目を数えはじめ、女の子はコマの数を数えます。盤の目が数えるたびに違うので、保育者がそれを取り上げ、みんなの前に盤を掲げ、子どもの数える声に合わせて指をさしていきます。六十四個だとわかります。そのとき、一人の子どもが発見をします。八個並んだ四角が八列あると言うのです。まさに、かけ算のはじまりです。「八が八回あった」ことを見つけます。それで、六十四になります。たしかに数えると、マスの数は六十四になっています。

コマも数えます。コマとマスは、コマがマスの上に全部乗って、マスのあまりがない以上、同じに決まっています。そうはわかっていますが、子どもは確認しないと納得できません。一人分のケースには、三十二個のコマが入っています。白と黒に分けて、それぞれが十六個あります。もう一つのケースも同じ数のはずですが、やはりちゃんと数えてみて、三十二個あることを確かめます。二つをまとめて、「二、四、六」と数える子どももいます。今度は、全部を盤の上に置いて、半分を白、残りの半分を黒として並べます。それぞれの色が三十二個、全部で六十四個。

並行して、コマの数も数えています。まず、一列のコマが十六個、それが二列だから、十六と十六で三十二個。もう一ケースも数えていくと、たしかに六十四個あり、盤と同じだと確認します。

オセロは八が単位になって、十六、三十二、六十四と増えていきます。そのことを、コマと盤のマス目の双方で繰り返し確認しています。六十四個は、全部をそのまま数えてもわかりますが、八や十六を組み合わせても、そうなるのです。オセロというゲームは、数の面でもすっきりとした構成になっており、子どもの数への興味を満たしてくれます。数のゲームでもあるのです。

事例 23

野菜の苗植え

自分たちで考え、数の対応を知る

今日、野菜の苗を植えるために長靴をはいて出ようとすると、

有　実「先生、何するの？」

保育者「あのね、野菜の苗を植えようと思って、オレンジバッチさんはこの前草取りもしたんだけど、青バッチさんはやっていないから少しずつでもやろうと思って……、それで青バッチさんも野菜の苗植えする？」

聖二「やる！」　有実「やる、やる！」

まだ、みんな登園していませんがはじめました。すると聞きつけて走ってきた岳人。

岳　人「先生、おはようございます。岳人も野菜やりたい」

と、すぐにスコップを手にして参加。

美香子「ここに何植えるの？」

保育者「ここにね、プチトマト、ナス、キュウリ、ピーマンを植えようと思って」

美香子「いいね！」

子どもたちは夢中でした。

保育者「このままで植えられる？」

聖　二「だめだよ、固いべ」

保育者「何が？」

聖　二「土！」

雅　也「よーし、雅也、柔らかくしてあげる」

野菜の苗を植えるところを子どもたちは一生懸命に土を掘っていました。するとそのとき、「カエルだ」「虫だ」と、沙也佳、竜之介、真二、美香子が、土を柔らかくするのを忘れ、草むらに遊びに行ってしまいました。

聖　二「どうして遊びに行くんだろう」

有　実「遊びに行けばできないよね」

聖　二「もう！　遊んでいればできないでしょう」

保育者「どうしよう沙也佳ちゃん、お友達怒っちゃった！」

沙也佳、竜之介、真二、美香子たちは困った顔。

沙也佳「いやだ、いやだよ」

聖　二「いやだ、いやだはだめなんだよ」

沙也佳「ごめんなさい。沙也佳もやりたい」

保育者「どうしたの？」

聖　二「いやだって言ったらどうするの？」

保育者「え！　だめって言ったらどうするって？」

とても真剣に取り組んでいることがわかってびっくり！

沙也佳「……ごめんなさい。沙也佳もやりたい」

子ども「いいよ、一緒にやろう。遊ばないでやろう」

聖　二「固いんだから、たいへんなんだから」

みんなを許してくれた子どもたち。一緒にやろうという言葉にびっくりしました。

雅　也「ウルトラマンコスモスと約束したんだよ」

保育者「何、どんな約束？」

沙也佳「あきらめないことだよ」

保育者「すごいね、先生もあきらめずに頑張ろう！」
雅　也「先生、もっと力を入れないと大きい穴ができないよ」
子どもたちがここまでの気持ちで取り組めるということにびっくり。子どもたちが「もういいよ」というまでじっくり穴掘りに取り組んだ後、野菜の苗を持ってきました。何を植えるかイメージがわからないといけないので野菜図鑑の写真だけは見せていたので、「これはキュウリ」「ナス」「トマト」「ピーマン」と言って伝えると、白い花、黄色の花、紫の花、そしてなんと小さなキュウリの実の赤ちゃんだとジーッと見比べています。
保育者「キュウリはいくつある？」
子ども「一、二、……二つだよ」
保育者「ナスは？」
子ども「一、二、三……三つだ」
保育者「こっちのかごの中には全部で三と二あったよ」
子ども「五だ」
保育者「そうだね。じゃ次はこっちのかごの中には……ピーマンが」
子ども「一、二、三……三つ」
保育者「そうだね、三つね。じゃ、トマトは」
子ども「一、二、……二つ」
保育者「こっちのかごの中には三つと二つで……」
子ども「同じだ、五つだよ」
保育者「そうだね。じゃ、五つと五つで……」
子ども「……一、二、三……十だ」
保育者「そうだね。全部数えてみよう。一、二、三〜十ありました。これをみんなで植えたいと思います。じゃ。十の苗に穴はいくつ?」
子ども「……十だよ」
保育者「そうだね、じゃみんなで十の穴をあけてください」
みんなは苗を植えようと思い、はりきって穴をあけていきます。見ると二十五個の穴があいていました。
保育者「一〜二十五、えー!」
聖　二「多すぎる」
朋　樹「多いのか」
保育者「もう一回だね。何個の穴だっけ」
子ども「十個の穴」
二回目とあって少し気をつけていますが、土を目の前にすると穴をあけたいのです。
保育者「数えてみるよ。一……十……十五……十六……十八! 十八だってどう?」
子ども「多すぎるよ!」
岳　人「もう一回だね」
またまた気をつけても十六、十五、十八。何回やっても十個の穴はできないのです。すると、
詩　織「みんなが一つずつ穴にするといいよ」
朋　樹「そうか」
岳　人「いっぱいだめ!」
聖　二「一人一つだよ、一つ……」
穴をもう一度掘りました。なんと数えたら十三個の穴!
保育者「あれ、十三個だ! 一つずつ穴あけただけだよね。ちょっと数えてみて」
みんなはお友達を数えはじめました。
子ども「あれ! 十三だ」

保育者「そうか、青バッチさんは十三人いるんだよね」
聖　二「十個の穴なのに、みんな多いんだよ」
保育者「そうだ……、これは大変、考えないと」
聖　二「考えないと、十三の穴になっちゃう」
考えるため、土いじりや虫に気をとられ話に集中できないため、絵本室で話し合いの時間をとりました。
保育者「困ったね。青バッチは何人？」
岳　人「十三だよ」
保育者「じゃ苗はいくつ？」
子ども「十」
保育者「もう一回聞くけど、ピーマン……」
と、野菜の数と十の穴が必要なことを確かめました。
保育者「そうだね。どうしたらいいのかな？十の穴を掘るために」
聖　二「十人の人が一つずつ穴を掘ったらいいよ」
朋　樹「一つだけだよ」
保育者「そうか……十人の人が一つずつ穴をあけたら穴は？」
子ども「……十」
保育者「そうだね、でも青バッチさんは十三人だよ」
子ども「……」
保育者「十三人だけど十の穴だと」
聖　二「三人残る」
詩　織「三人があけてみんなもあけるといい」
保育者「三人が穴をあけて、みんなもあけたら」
岳　人「……十三になるよ」

保育者「すごい！　でも苗は十本しかないの。
　だから十三穴があいたら多いんだね」
詩　織「十三穴あけたら十になる？」
藍　子「ならないの。十三人は十三だから十に
　はならない」
　ここまできたけれど話はなかなか進みません。
一人ずつの名前を座っている順で書いてみまし
た。十三人で十個の穴をあけるとしたら……と
丸で囲んでみました。すると三人のお友達の名
前に丸がつきませんでした。
聖　二「聖二、やりたい」
真衣香「真衣香も」
藍　子「藍子も」
保育者「そうだね、やりたいよね。じゃ、美香
　子ちゃんやらないで代わってちょうだい」
美香子「だめ」

保育者「竜之介くん、代わって」
竜之介「やだ！　竜之介もやる」
沙也佳「みんなやりたいんだって」
保育者「そうだね。十三人で十個の穴を掘るた
　めにはどうしたらいいのかな？」
　苗をもっと買ってきたらいいとか、苗をほか
のクラスからもらうという意見も出てきました。
買いに行くことがあってもいいかな？　と予想
はしていたのですが、……なんとやさしい子ど
もたち！
真　二「真衣香も聖二も藍子も一緒にやれば
　いい」
　少しうれしく思いました。一緒にやるという
ことはとてもむずかしいことだと思いながらも
聞いてみることにしました。
保育者「みんなで一緒にやるってすてきだけ

ど、穴は十三個になっちゃうんじゃない？」
詩　織「聖二、真衣香も藍子もみんな一緒にやろう！」
保育者「うん、でも一緒にやるやり方は？」
真衣香「一緒にやりたいって言う」
詩　織「いいよって言う」
有　実「じゃ、十一になるじゃない」
詩　織「手伝ってやればいいんだよ」
聖　二「同じところに穴あければいいよ。聖二ね、聖二、雅也とやりたい」
雅　也「いいよ」
聖　二「聖二と雅也で一つの穴を掘るんだよ」
保育者「え！　できる？」
聖　二「できるよね」
雅　也「いいよ」
保育者「じゃ真衣香ちゃんは？」
真衣香「有実とやりたい」
有　実「いいよ」
藍　子「藍子、美香子とやる」
美香子「いいよ、藍子やろう」

数だけだとなかなか考えることができなかったのが、名前を出すことで解決。心配しながら進めてみましたが、なんとやさしい子どもたち。そこで一緒にやる人を組ませながら丸で囲んでみました。すると、

聖二「あれ、十になった」　岳人「十の穴になる」　雅也「十の穴になる」　詩織「十になったね」

保育者「十三人だけど友達と一緒に穴を掘ってもいいという人がいたので、組ませたら十になったね。じゃ、ちょいと並んでみて、一人で穴掘る人は立って、二人で掘る人は

手をつないでみよう。十になるかな?」

お遊戯室へ行って立って手をつないで並んでみました。すると、岳人と真二までが手をつなぎ、なんと穴は九つになってしまいました。

聖二「おかしいよ」 沙也佳「あれ! 十じゃない」 竜之介「九だよ」 詩織「おかしい」 保育者「じゃ! もう一回紙見てみよう」確かめてまた並んでみます。二~三回繰り返したあと、

聖二「誰か間違っている」 保育者「誰? 真衣香ちゃんは誰と?」 真衣香「有実」 保育者「聖二くんは?」 聖二「雅也」 保育者「藍子ちゃんは?」 藍子「美香子」 聖二「あれ! 岳人と真二、一人でしょう」 岳人「あ! そうか……(サッと手を離した)」

保育者「じゃもう一回数えてみるよ。一、二~十。合ったね」

子ども「よかった……これで十個の穴が掘れるね」

やっと十の穴を掘ることがはじまりました。

ところが、

保育者「一、二、三~十二! あれ? 二つ多い」

子ども「多いの?」

聖　二「二人で一つだよ」

保育者「もう一回!(五回六回と繰り返していくうちに)」すると事件発生!

有　実「真衣香、掘らないで。有実、掘るから……、真衣香、掘ると二つになるでしょう」

真衣香「真衣香も掘りたい……、有実、掘ればだめって言った!」

保育者「ちょっとみんな集まって……今ね、有実ちゃんと真衣香ちゃん一緒に掘るんだけ

ど、真衣香ちゃん掘っちゃだめって言ったんだって。どうしよう」
岳　人「一緒にやるっていったでしょ」
美香子「美香子と藍子は一緒に一つ穴掘った。藍子、掘ってから、美香子が掘ったの」
保育者「有実ちゃんは一人で掘りたかったんだよね。そうだよね？　でもみんなで決めたことだったでしょう」
体験を通して数をわかってもらおうとはじめたが、やはり一人で掘る人、二人で掘る人の差が出てしまったと、こっちがドキドキしてしまいました。有実も土を目の前に一人で掘りたくなったのです。するとすぐ、
詩　織「詩織一人だったから一緒にやろう」
本当にうれしかった！　詩織ありがとうと心から思いました。そしてもう一回チャレンジ！
詩　織「真衣香、先に掘ってもいいよ。一緒に掘る？」
真衣香「一緒にやるよ」
詩　織「じゃね、スコップ、真衣香も持って」
何と一つのスコップに二人の手が添えられて一緒に一つの穴を掘っていたのです。
保育者「数えてみるね。一〜十……十個の穴ができました」
子どもたちは大喜び。一緒に十本の苗を無事植えることができました。子どもたちは自分で考えながらやれたことに大満足。いろいろトラブルが起きたなかじっくり取り組み、吸い上げ、子どもたちの育ちを見守っていきたいと思います。

（高橋　美雅子）

解説

▼意識的に遊びや生活のなかで数にふれる機会を増やす▲

子どもに数を教えるのは早い。いやそうではなく、子どもは数を数えるのが好きだ。教えれば覚えるのだから、教えたほうがよい。そのような対立があります。明確に小学校の算数をもっと早くから教えようという立場も実際にあります。それに対して、子どもの遊びや生活のなかで子どもが数に触れ、数を数えたりする機会は自ずと出てくるのだから、それを生かしていけば十分だという意見もあります。本書では、この最後の立場を取って考えています。そして、多くの幼児教育関係者はそれに賛同するでしょう。しかし、遊びのなかで数を数える機会があるとただ指摘し、それにより、数にかかわる幼児教育は成り立つと考えてよいのでしょうか。遊びや生活のなかでそういった機会を増やし、また豊かなものにしていくという保育者の意識的なかかわりが必要ではないでしょうか。

ここでは、野菜の苗を植えるという活動のなかで数が問題になります。キュウリの苗が二つ、ナスは三つ、合わせて五つ。ピーマンが三つ、トマトが二つ、合わせて五つ。五つと五つで十になる。あらためて数えてもたしかに十あります。その十の苗に穴はいくつ必要かと言えば、やはり十、必要になります。保育者はみんなに十の穴を空けるようにと指示します。実際には、二十五個もの穴が空いています。それぞれが思い思いに適当な数の穴を空けるからです。必要なのは十個の穴と確認して、再度、穴を空けますが、やはりそれよりずっと多い数です。そこでやっと子どもから一人一個の穴を空けるという提案が出てきます。そうすると、穴の数は十三個になりました。クラスの子どもの数を数えてみると、十三人いるので当然です。

そこで、あらためて話し合います。誰もが穴を空けたいから、どうしても十三個になり、十個にする手立てが思いつきません。十三個の穴を空けたら、それは十個より多いことをあらためて子どもたちは確認します。仕方がないので、何人か一緒に穴を空ける組み合わせを考えます。名前を出して、まるで囲んで決めていきます。十個のまとまりになります。さらに、立って、一緒にする人は手をつないで、十個のまとまりを確認します。実際に畑で穴を掘り出すと、やはり自分で掘りたい子どもがいたりしてもめますが、スコップに二人の手を添えて掘ったりして、何とか解決します。

数を数えることや、穴と人数の対応など、数の基本があらためてていねいにたどられています。この時期の子どもには、十個の穴と十人とが対応するとか、十三個は十個より多いとか、確認していかねばなりません。しかも、これは単に楽しいこと以上に真剣な活動です。どの子どもも苗を植えたいのです。一という単位は自分が苗を植えるということなのです。十という単位は、クラスの畑づくりになるのです。一なり、十なり、十三なりという数の重みを感じつつ、その数の間の関係を子どもたちはたどっていっています。ただ、数をたくさん数えるのではなく、その重みと関係を知るのです。

事例 24

紙鉄砲遊び

子どもたちの気づきや発見を大切にする

今年から入園した年中児の修太は、はじめての園生活に不安いっぱいで、「これから何するの?」「何でおゆうぎ室に行くの?」と、一つ一つ確認しながらの毎日で、園での遊びも保育者が仲立ちしながら友達とかかわることが少しできるという状態だった。

そんな修太がある日、「先生、先生、紙でバーンッってするのをつくって!」と言って、一枚の広告紙を持ってやってきた。「ぼく、おじいちゃんに、つくり方教えてって言ったけど、おじいちゃんわからなかったんだよ」とのこと。

さっそく修太と私の二人で「紙鉄砲遊び」がはじまった。修太は、私のつくる様子をジーッと見ている。そして、できあがった紙鉄砲でまずは私が試しうちをやってみた。「バーンッ!!」あまりの迫力に修太はのけぞりながらも、「スッゲェ!」と満足そうな表情だ。「ぼくもやってみるー」と今度は修太が挑戦。しかし、力の入れ方がよくわからず、バンどころか紙鉄砲は開くことさえしない。「ここ、しっかり持って、こーやってー」と一緒にやってみても、あの勢いのある音は出ず、どこか力のない音にちょっとガッカリしていると、さっきからそばで私たちのことをジッと見ていた剣吾が、「ちょっとジャンプして、力いっぱい入れてしてみれば？」と言ってくれた。今度はどうかな？　注目のなか、修太は力いっぱい「エーイ！」すると「パーンッ」と気持ちのいい音が響き、三人して「ヤッター、すごいのー」と大はしゃぎ。修太はもう

ニコニコ。そして剣吾も自分のことのように喜んでいる。

　そうこうしているうちに、紙鉄砲の「バーン」という音を聞きつけて、いつのまにか修太のまわりにはたくさんの子どもたちが集まってきて、次々と「ぼくにもつくってー」「わたしにもー」と長い列ができてしまった。それぞれ手に、みんな広告紙を持っている……。

　私は、「修太くん、みんなにも紙鉄砲つくってあげていい？」と聞くと、「うん、いいよ」と明るく応えてくれた。修太には、ほかの子のをつくってあげるまえに、「紙鉄砲二号」をつくってあげた。そして、剣吾にも。剣吾は、おとなしく、どこか引っ込み思案な子で、クラスのにぎやかな子とは対照的に、目立たない子だが、ものごとを冷静に見て、考えることのできる子だ。

その後、修太は開いた紙鉄砲のたたみ方を覚え、できない子に熱心に教えてあげ、そして剣吾は、いろいろな広告紙で紙鉄砲をつくることに夢中になっていた。

毎日、紙鉄砲遊びは続き、子どもたち同士で、どうやったら「バーン」といい音が出るか工夫し合い、「片方の足を上に上げると、すっごくバーンッてなるんだよ」ということで、さかんに片足を上げては紙鉄砲を鳴らしている子どもたちだった。

そのうち、高宏が大きな一枚の広告紙を持ってやってきた。「これなら、すっごい音が出るぞ〜」ということで、大きな紙鉄砲をつくり、さっそく「エイッ!」とやったのはいいのだが、たった一回きりで鉄砲は破れてしまい、大きな音を期待していた高宏やまわりの子どもたちは「エーッ、なんでー?」と目を丸くしたり、ガッカリしたり……。「どうしてかな?」とみんなに聞いてみると、「高宏くん、あんまり力がありすぎたんだよ」と勝次。「そうだよ、足をこんなに上までいっぱいあげたんだもん」と裕史。

しかし、それをじっとそばで見ていた剣吾が一言、「高宏くんの紙、薄いから」そうなのだ、確かに、高宏の持ってきた広告紙は大きくて立派なものだったが、ペラペラした質の薄い紙だったのだ。剣吾の言葉に、まわりにいた子どもたちはすぐに破れた高宏の紙鉄砲にさわり、親指と人さし指の間に紙をはさんでこすり合わせ、その厚さを確認しはじめた。「あー、ほんとだ。高宏くんの紙、薄い」「あたしのよりも薄いよー」と気づいていった。剣吾に「剣吾くん、よくわかったね」と言うと、とても照れくさそうにしていたが、何か剣吾のまわりがほんわかとあたたかい雰囲気になるのが感じられた。

薄い広告紙は紙鉄砲にするとすぐ破れて、音が出ないことがわかった子どもたちは、今度は厚手で小さい紙を選んでくるようになった。「先生、今度はやぶけないよーにして、厚くって小さい紙持ってきたよ」と得意そうな表情の高宏。「これはあまりに厚すぎて鉄砲開かないかも……」と思いつつも、まずはトライしてみることに。案の定紙は開かず、何の音もしない鉄砲にガッカリの高宏。向こうでは、修太と剣吾の二人が、紙鉄砲のいい音を響かせている。「何で、鉄砲バンッってならないんだろう……。剣吾くんに聞いてこよう!」と高宏は二人のいるゆうぎ室へ走って行った。

この紙鉄砲遊びをきっかけに、修太は気の合う友達と一緒に遊ぶ楽しさを知り、以前のように保育者にくっついていることはなくなった。もちろん剣吾とは大の仲良しである。そして、剣吾も、クラスのみんなから認められることによって、「剣ちゃん、こんなに大きい声出るんだっけ?」と思えるほど、自分を発揮するようになった。

これからも、子どもたちの遊びのなかから出てくる気づきや発見を大切にし、そして遊びを通して友達とのかかわりを深めていけるような援助を心がけていきたいと思う。

(遠田　明美)

解説 ▼なぜと考えてわかることを大事にする保育者の姿勢が探究心を支える▲

紙鉄砲は、紙で簡単に折れて、しかも、思い切って動かすと、パーンと気持ちのよい音がします。保育者に教わり、子どもは試します。でも、なかなかうまくいきません。そばで見ていた別な子どもが要領を教えます。それに従ってやってみると、今度はうまく音が出ました。保育者と二人の子どもはうれしくてたまりません。この遊びは、そこから、子どもたちの間に広がっていきました。

ある子どもが大きな紙を持ってきて、大きな紙鉄砲をつくったのですが、それは、たいした音もせずに、一回で紙が破けてしまいます。がっかりするのですが、どうしてかといぶかしくも思います。力の入れすぎだろうか。紙鉄砲遊びを広めた一人の子どもが、紙が薄いからだと指摘します。みんなが触ると、たしかにペラペラなのです。子どもたちは、今度は、厚手で小さい紙を選ぶようになりました。あまりに厚すぎて、今度は、開かない場合が出てきます。変だと思い、子どもたちは、紙鉄砲の得意な子どもにわけを聞きに行きます。

紙鉄砲は楽しい遊びです。でも、一通り遊ぶと、それで終わってしまいやすいものでもあります。大人に折ってもらい、子どもが振って、音を出すだけだからです。そこに、どう子どもが工夫したり、挑戦したりする様子を盛り込むかは、案外、むずかしいものです。

ここでは、たまたま、うまく音を出せなかったところから、子どもが大事なことに気がつきました。紙が薄すぎると、破けてしまい、音が出ないのです。また、厚すぎても、うまく紙が開かず、音が出ません。

このように、遊びでの発見は、うまくいかないときに、どうしてだろうと考えるところにも成り立ちます。よく様子を見て、考えるという姿勢が必要です。何名かの仲間がそれぞれにつくっていて、うまくできなかった子どもだけでなく、それを見ていて、考える子どもがいるということが意味があるようです。比較的冷静に考えられるからでしょう。また、その発見をした子どもは、紙鉄砲をクラスに広げた一人ですから、紙鉄砲に詳しいという自負があったのかもしれません。

保育者もまた、うまくいかなければ、もう一度やってとか、代わりにつくるとか、答えを教えるということではなく、どうしてだろうと問い返しています。なぜと考えて、わかることを大事にしている保育者の姿勢が子どもの探求を支えるのです。

遊びの仕方を見出し、上手になり、またほかの子どもに教え、どうしてかを考えられるといったことを通して、子どもの自信が形成されていくことも見逃せません。単にほめるのではなく、子どもが実際にできるようになり、わかるようになることを体験し、それを指摘してやることが、保育者の働きとして重要なのです。その遊びの広がりと喜びを通しての結びつきが仲間づくりにもつながります。

事例 25

子どもの絵が変わるとき

描く楽しさを引き出す保育者のかかわり

晩秋の夕方、講演を頼まれて行った保育所でのこと。おやつを食べ終わってお迎えにきたお母さんたちと次々に帰って行く子どもたちのなかで、七、八人の四歳、五歳児が絵を描きはじめた。紙は自分の自由画帳、広告の紙、廃品として集めたような大きな紙、小さな紙など、いろいろ。クレヨンを見ると、赤や黄、青といった子どもの絵には必要な色がなくなっているもの、ほとんど使わなかったような新品同然のもの、紙もむけて折れて小さくなっているけれど全色揃っているもの、十六色のうち九色くらいしか入っていないものなど、こちらもいろいろである。

咲（五歳女児）の自由画帳を見ると、ほとんど全部、ワンパターンの女の子の顔が描かれており、今も同じ顔を描いている。

「おばちゃん（本吉）どこから来たの？」「東京から」「バスで？」「えっ？　飛行機で来たのよ」「私、ディズニーランドに行ったことあるよ。おばあちゃんと妹と……バスでサンドイッチ食べたよ、トイレもあったよ……」「あっ、そうだったの。朝、目が覚めたらディズニーランドだったの？」「そうだよ」「そうか、おばちゃんにディズニーランドに行ったバス、どんなバスか描いて教えてくれる？　おばちゃんも行ってみたいなー」「いいよ、紙大きいの持ってくるから待ってて」

咲は、大きな紙にさーっと長方形のバスを描いた。「窓もあったよ、窓からディズニーランド見えたよ」と話しながら大きな窓をどんどん描く。「その窓に咲ちゃんの顔が見えるんだ。咲ちゃんのお顔って、デブッチョのおばちゃんと違って、あごのところがスーッと卵形になってて、とっても美人でいいわね。ちょっと自分のあごのところ触ってごらんなさい」咲は「美人だって……」とにこにこしながら立って行き、廊下の鏡の前で自分の顔を見て戻ってきた。

先ほどまで描いていたお皿を逆にしたような輪郭の女の子の顔とはまったく違う顔を描きはじめた。「その顔はやっぱり美人ね。おばちゃんのお顔は丸くて四角くて美人とはほど遠いの、ホラ見て」「えっ、丸くて四角だって」と、絵を描いていた数人は笑い転げ、イスからズリ落ちて笑いが止まらない様子。

「ねえ、真理ちゃん、おばちゃんの顔、描いてくれないかしら？」「いいよ」真理も紙を取ってきて、戻ると私の顔を穴のあくほど見て顔の輪郭を真剣な目で描きはじめる。見ると頬の下のほうに大きなしみをしっかり二つ描いている。「これなーに」「ホクロ」「あっ、しまった見つかっちゃった！　これはね、『しみ』って言うの。みんなのように子どもの顔はつるりとしてピンクの頬っぺでスルスルだけど、おばちゃんみたいに髪の毛も白くなると、顔にもしみができてくるの。いやなんだこのしみ。でも見つかっちゃった。お手やわらかにそっと目立たないよ

子どもの描いた「本吉先生」

うにしてね」またまた子どもたちは、お腹を抱え、イスから転がり落ちてゲラゲラ、ゲラゲラ、笑いが止まらない。しかし不思議なことに、大きな紙からはみ出しそうに、堂々とバランスよく私の胸像を、ぐんぐん描く。しみはしっかり濃く描かれてしまったが、ブラウスの色も同じ紫。それまで描いていた小さなコチョコチョした絵とは違う。

「あの窓から見える車はみんなのお母さんの車かしら？」「うん、でも先生の車もあるよ」「車がみんなこっちの方向いてるね。おばちゃんは運転できないんだけど、車って丸いライトや四角いライトがあるのね。電気もつくし、車の形も全部違っておもしろいね。お部屋に電気がともったから、向こうが暗くなって、お迎えのお母さんの車が止まるとライトがきれいね……」

「わたし、車、描こう」描き出した二人の車は正面を描いたものになっている。

明男が、ひょこっと、「ニワトリは、夜、目が見えないんだよ」と、急につぶやくように言う。

「そうね、鳥は夜、目が見えないみたいね」

「えっ、電気つければ鳥だって目が見えるよ。鳥小屋が暗いから見えないんだよ」「そうかなあ！あなた（四歳女児）はニワトリの目を見たり、ニワトリ抱いたことあるの？」「うんあるよ」と、めぐみ。「ニワトリのお口でつつかれたことある？」「ない」「ニワトリってかわいい？　おばちゃん卵を食べるのは好きだけど、抱っこはちょっと弱いんだ」「あたし平気だよ」「そう」「あたしニワトリ描こう」「あたしも」と尚子。

二人は別に申し合わせたわけではないのに、それぞれの描いたニワトリは透視画。ニワトリのお腹の中に

子どもの描いた「ニワトリ」

は卵がいっぱい描かれている。キャッキャッと笑いながら描き続ける子どもたち。

その絵をご覧になった園長先生、しみじみ、「毎年、県の展覧会に絵を出品するのですが、いつも入選したことがありません。今描いているような絵が入選しているんです」

描きたいときに好きな絵を描く。しかし一年中同じパターンで同じ絵しか描いていない子どもの心を考えてみよう。楽しければ楽しい絵を描く、心はずんで「描こう」「もっと描こう」と思って描けるように、展開していく保育者のかかわりが必要なのである。子どもに任せ、体験を豊かにしていくことはもちろん大切なことだが、放任で描かせてはいないだろうか。

（本　吉）

解説

▼子どもと対話し子どもの見る目を繊細に詳細に誘導する▲

絵は自由に描かせたほうがよいというのも本当でしょう。しかしまた、絵はよく対象を見てこそ描けるようになるというのもたしかです。楽しさと技術、自由と訓練とは保育で繰り返し問題になる点です。それを対立としていては、保育の技量は向上しません。といって、足して半分にするというものでもありません。その活動に即して、適切なやり方をそのつど、保育者は見出さねばなりません。先生は、ここで、対話の技法を展開しています。子どもと対話しつつ、子どもの見る目を繊細に、詳細に誘導しているのです。

子どもがワンパターンの絵を描くことはよくあることです。ワンパターンの絵でも描けるようになることは喜びだし、それが、絵を描くことを可能にするという意味で意義があります。しかし、そこで、停滞したままであることも多く、そうなると、子どもの描きたいことと、実際に描けることがずれていきます。子どもは、そのことを自覚してとは限らず、相も変わらず、同じ絵を描いて、楽しんでいるように見えることも多いのですが、しかし、子どもがそのように停滞しているとき、たいていは、そこから先に行くすべがわからないからなのです。

そこで、先生は子どもと対話を開始します。ディズニーランドに行ったときの話が出たので、その折りのバスを話題にします。子どもは、バスとその窓を描きます。先生は、子どもの顔のところをほめつつ、あごの形を具体的に指摘し、さらに子どもにさわらせます。次に、先生の顔を描くように頼みます。そこでも、そのまえに、顔が丸くて四角と、おもしろい言い方で、顔の輪郭に注意を引きつけているため、子どもは真剣にその形を見ています。部屋の窓から見える車についても話題にします。ライトに丸や四角があり、形も全部が違っていることなどを指摘します。鶏を描くときも、鶏を抱いたり、卵のことなどを持ち出します。そういった経緯のなかで、子どもの絵はワンパターンから脱して、力強く、また細部が描かれた、独自のものになっていきます。

子どもが絵を描くとは、十分な技術をもって、描きたい対象を見つめ、それを紙に写すのではありません。言葉で語りつつ、描くものが変わっていき、描くことを補っていくのです。何を描くか、そのどのところを描くのか、詳しく見るとどうなっているのかなどについて、先生はヒントを出していきます。バスを描こうとして、焦点が定まります。窓があるということで、窓を描き、さらにそこに人物を入れていきます。詳しく見ることは、それに興味をもち、描きはじめてさらに思い起こしたり、見つめたりすることから展開していきます。

先生のユーモアも大事な点です。おしゃべりをして、楽しみながら描いています。対象について語ることで知っていることや前に見たことが思い起こされ、絵のなかに生かされていくのです。

事例 26

スーホの白い馬

子どもの興味や表現を自然に引き出す

一月十日

「ライオン組の劇、今年はする？」と私。「やろうよ！　やろう、やろう。何がいいかなあ？」と子どもたち。人前が苦手な拓也ものり気で少しホッとする。そこで、「じゃあ、何の劇にしようか」と聞くと、出てくる、出てくる。今まで読んだ本のなかで、子どもたちが、「こんな人になりたい」だとか「すごい、すごい」と、読んでいる途中でさえも、体が動かんばかりに心の底から感動した話ばかりだった。

次の日から、どの話にするかを話し合うことになった。「ぼく、こんなにやさしい人をしてみたいから、この本」「わたしはこの本のほうがウキウキするから」と、好きな本のグループに分かれていった。そして、それぞれが、自分の選んだ本の好きなところ、演じてみたい役などを言い合い、決めることになった。多少の移動はあったものの、なかなか決まらない。数日後、さてどうしようかと思い、いつものように本を読もうとしたときだった。「あっ、先生それ、その本『スーホの白い馬』そのお話がいい！」この数日間で決まらなかった劇の話が『スーホの白い馬』に全員一致で決まった。

『スーホの白い馬』はモンゴルの民話で広い草

原をバックに展開される。「モンゴルって、どういうところにあるんだろう?」地図で調べ、日本との大きさの違いにびっくりする子どもたち。「モンゴルって大きい! こんなに大きかったら、草原もすごーく広いと思う」と、体で表現しはじめる。それを見たほかの子どもたちも「まだまだ広いよ」と参加。そこで、「じゃあ、その広い草原にはどんな生き物がいるんだろう?」と私。「かえる!」かえるが大好きな勇樹は、ゲコゲコと跳びはねステージの上へ。私もたまらず「お腹すいたなあー、ペロペロ」と、体をくねらせ蛇へ。「わたし鷲」「じゃあぼく、はりねずみ」それぞれが思うように、いろいろな役へとなりきり、「木も少しあると思う」と、細い木になり、「なまぬるい風が吹いた」とふわふわしたような、それでいてなんだか気持ち悪そうな歩き方と、手つき顔つきの正人の風に、不快そうに揺れる草。「私は気持ちいい」と揺れる草。誰一人として同じ動きがない。そして、そのなかに拓也の姿もあった。

ただ単に「はい、モンゴルの草原に住んでました。スーホが出てきました……」では味わうことのできないおもしろさ、楽しさである。汗をかき、時間も忘れ、草原のなかで遊んだ。

こちらが、なんのためらいもなく芋虫になったり、蛇になったりすれば、子どもたちもどんどんのってきてくれること。また、子どもたちの表現の豊かさにあらためて驚かされた。

スーホの役をみんなで演じてみた。この話のクライマックスシーンでもある、矢に刺されながら、帰ってきた白馬。その白馬の体から矢を抜く場面では、「はじめは、まさか白馬じゃない、白馬だったらいやだ！　と思うけど、やっぱりかわいい白馬だったからびっくりすると思う」との真希の言葉に、「うん、ぼくもそう思う。足も、ガクッ、ガクッてゆっくり……涙も出て、

白馬ーって叫ぶと思う」と拓也、自分で自ら演じる。ここまで意欲的に参加した拓也の姿に、うれしく思った。ほかにも、白馬の役、おばあさんの役、お殿様の役、それぞれをみんなに体験してほしいと思う。セリフについても、教えるどころかそれぞれが思いのまま口にする。子どもたちが自分のイメージのなかに飛び込み、演じ、体験するからこそ、出てくるセリフなのかもしれない。

本吉先生の「幼児の劇くらい楽しい活動はありません。そして、その劇をつくり上げるとき、保育者の出番はあまり必要ではないでしょう」との言葉を思い出した。

そのとおりだった。私は盛り上げ役になれたらいいなと思う。

さあ、劇になるまでが楽しみだ。

（源　証　香）

解説　正答を求めるより想像を思い切り伸ばすことに力点をおく

子どもの劇は、動きやせりふを考えるのが大変だろう、無理ではないかと思うかもしれません。でも、台本どおりにやるよりも、自分たちが工夫するほうがかえってやりやすいのです。骨格としての物語は、みんながすでに知っているお話のほうがよいかもしれません。そこから考え出すのはむずかしいことと、みんなの共通理解ができなくて、細部を考えていくのが大変だからです。

この事例でも、みんなが聞いたことのあるお話を劇にしようと話し合いがはじまります。そこへ、ちょうど読んでもらった『スーホの白い馬』という絵本を劇にすることになりました。舞台となるモンゴルの草原はどんなところなのだろう。子どもたちの想像は広がります。広い草原の国であることを保育者は子どもたちに伝えます。その草原にどんな生き物がいるだろうかと投げかけます。あとは、子どもたちの空想のなかで、草原の様子が生き生きと語られます。語るというより、言葉と動きとで身体ごと表現されるというほうがよいでしょうか。

カエルが飛び跳ね、蛇が体をくねらせ、鷲は空を飛び、ハリネズミが穴に潜ります。細い木があるところに生ぬるい風が吹き、またさわやかな風が草を揺らします。子どもの動きはいかにもおもしろそうであり、想像の世界に入り込んでいるようです。

その想像の舞台に主人公のスーホが登場し、白馬が帰ってくる様子に出会います。白馬が傷つき、遠くから戻ってくる姿を見て、驚き、悲しむ様子を子どもたちは演じます。せりふや動きをそれぞれが考え、口に出し、体を動かします。

舞台となる草原の具体的で詳細なイメージが展開したからに違いありません。また、白馬が遠くから戻ってくるという場面が子どもたちの想像力を白馬への出会いという一瞬に導きます。もちろん、絵本の読み聞かせでの物語の筋の把握が背景にあって、盛り上げます。

劇を何もないところからつくりだすのは、たしかに子どもにはむずかしいのです。しかし、このように、一つ一つポイントが絞られたところで、それぞれに想像力を発揮することはできるし、むしろ、子どもの得意とするところかもしれません。なりきれるからです。正答を求めるというより、その想像を思い切り伸ばすことに力点があることが大事です。

その展開を、絵本の1ページごとの進行が支えます。また、そのときに応じた保育者の問いかけが想像を方向づけます。しかし同時に、子どもが演じ、またそれを見て、ほかの子どもがさらに想像を広げる働きもあります。子どもの仲間による創造なのです。

子どもは空想と現実と取り違えたりはしませんが、しかし、大人よりちょっとしたきっかけでその想像の世界に入り込み、身体ごと表現して、なりきれるようです。劇遊びが楽しいゆえんです。

事例 27

動物園に行きたい!!

目的を達するために、懸命に考え、工夫し、実行する

十一月十五日

朝から天気もよく気持ちのよい日だったのでマラソンをかねて散歩に出かけることにした。自然を十分に満喫しての帰り道、「動物園に行きたいなぁ」という話になった。

「行きたいなぁ」と一人が言い出すと「ぼく、池田動物園※行ったことあるよ」と、慎吾。「わたしも行ったことある！　ひよこ抱っこできるんだよねえ！」とうっとりした表情の美久。「ぞうもいたよ！」と和博。どうやら親子遠足で池田動物園に行ったことを思い出したようだ。それからは「わたしも行きたい」「ぼくも行きたいなぁ」と大騒ぎになり、みんなの心はすっかり池田動物園へと飛んでいってしまっているようだった。

※岡山市内にある動物園。

よく考えてみると園のまわりは自然に囲まれたすばらしい環境なのだが、町へ買い物に行ったり、バスや汽車に乗ったりという経験はなかなかできない。以前からこういったなかなかできない経験を子どもたちにさせてあげたいと園で話し合ってきたので、このチャンスを生かせたらと思った。

園に帰り園長先生とも相談し、この機会を逃さず大切にしていくことにした。

部屋に戻るとさっそく、「池田動物園ってどうやって行くの?」とたずねてみた。すると「知らない……」「……バスかなぁ?」という感じで「バスを保育園に呼べば?」という考えが圧倒的だった。この前行ったのも観光バスなので、行き方の考えが及ぶのはバスだけのようだった。これには私も困って、「うーん。……だけどあのバスをお願いするには何万円というお金がかかるんだよ。みんなは卒園旅行にも行ったから、もう一回バスをお願いするお金をお父さんやお母さんに出してもらうのはどうかな?」と言うと、「そんなにお金かかるの!?」「高いなぁ」「じゃあ、だめだなぁ」とがっかりした様子で、観光バスを頼むのはだめということになった。

「バスじゃなくて、どうやって池田動物園まで行ったらいいのかなぁ」とほかの方法を考えているると、慎吾が「ぼく、お父さんの車で行ったことあるよ!」「お父さんの車に乗せて行ってもらおう!」「でも何人乗れるの?」「ぼくのお父さんの車は五人乗れるけど……」とさっそく数を数えはじめた。(あらら……、変なほうにそれちゃったなぁ。やっぱり路線バスや汽車まで考えが及ばないのかなぁ……)と思っているところへ園長先生が入ってきた。するとさっそく、「ぼくたち、動物園行きたいんだ!」「池田動物園に!」と口々に説明するみんな。「でも、バス頼むのはお金が高いからだめなんだ」と、慎吾。「そうだね。でもバスだったら、そこも通ってるよ」という園長先生の言葉に、「あっそうか!」とやっと路線バスの存在を思い出した。

さっそく、紙とエンピツを持ってバス停までバスが何時に通るのか見に行くことにした。バス停まで行くと時刻表を見て「これどうやって読むの?」ということになった。時刻表を読むのは少しむずかしいので、「ここに書いてあるのが七時とか八時っていうことなんだよ」と読み方を教えた。「こっちに書いてあるのが分のこと?」と、大樹。「そうそう、これは七時二十三分って読むの」大樹は読み方がわかったようだった。それからは一つずつ読みながら、それを和博が横で聞き、一生懸命書き写していった。

バス停からの帰り道は、スキップしたり、鼻歌をうたったりして帰ってきた。まだ行けると決まったわけではないのに、バスの時間を調べただけで、うきうきわくわくしている気持ちが伝わってくるようだった。

十一月十六日

岡山県の地図をA先生が持っているというので貸してもらった(青組にある地図は、岡山県が詳しくのっていなかったので)。

地図で、まず池田動物園がどこにあるのか調べることになった。地図はもちろん漢字で書かれているのだが、上に小さくふりがながふってある。地図に頭をこすりつけるようにし「池田動物園、池田動物園……」とぶつぶつつぶやきながら池田動物園の場所をさがしていった。結構大きな地図なのでさがすのはなかなか大変だった。でもそのうちに「あったあ!」と大きな叫び声がし、恵利が池田動物園と書いてある場所を見つけた。それから本園のある津山の位置を確認し、「どうやって行ったらいいのかなぁ」ということになった。「あっ、道が書いてあるよ」と道を指でたどって「こう行って、こう行って、こう行くんだな」と言うものの、いったいどういう方法で行ったらいいのかはわからない。そのうち道のそばに書いてある線路の記号に気づき「これ何？　先生」という疑問が起こった。私は（待ってました!!）というはやる気持ちを押さえながら、「うーんと、これは汽車の通る線路の記号じゃないかなぁ」と言うと「あっ、ぼく汽車乗ったことがある」「岡山まで汽車乗ったことある」という声がポロポロ出てきて、岡山まで汽車に乗って行ったらどうかということになった。岡山の駅からは、保育園から津山駅までバスで行けるようにバスで行けるかもしれないから調べてみようということになる。

バスは昨日時刻を調べてきたが、汽車の時刻がわからない。「駅まで行って調べてこなければ」と、バスの時刻をバス停まで調べに行ったので汽車も……と思ったようだ。「でも、みんなでどうやって駅まで調べに行くの？」と私。「……………」「お金（バス代）がいるしなぁ」「遠いもんなぁ」と子どもたち。できるだけみんなの力で考えていきたいと思っていたがこれは経験がなく、時刻表まで気づけないのは無理のないことだと思い、時刻表というものがあることを知らせ、読み方も教えた。「へぇ、こんなのがあるの？」「先生早く教えてよ！」とえらく感心した子どもたちだった。

バスや汽車の料金については、どうやったらわかるのかということでずいぶん悩んだ。「バスが通ったときにバスのおじさんに聞いてみようか」と、美久がいい考えを出してくれたが、なにぶんバスの便が少ないので今から行ってもお迎えの時間までに聞くことはできない。また駅までも運賃を聞きには行けない。実際にバス停や駅まで行くことができないときはどうしたらよいかがなかなかわからない。

「みんなは、遠くに離れている人と話したいときどうする?」という質問に、「大きな声で話す!」という美久の答には笑ってしまったが、すぐに「あっ電話だ! 電話で聞けばいい!」と、電話で聞いたらいいことに気づいてくれた。さっそく、事務所からコードレスの電話と電話帳を借りてきた。「みんな電話番号がわからないときどうするか知ってる?」と言いながら電話帳を広げ、調べ方を教えながら、一緒に中鉄バスの電話番号を調べた。

いよいよ電話をして、聞いてみる番だ。「どうやって電話したらいいと思う?」とたずねると、「最初はもしもしって言う」と奈緒。「清龍寺のところから津山駅まで何円か聞かないとだめ」と恵利。「広野保育園と言いますがって言ったほうがいいんじゃない?」と香織。「教えてもらったあとは、ありがとうございますも言ったほうがいいよ!」と春菜。次々電話のかけ方について話し出し大騒ぎ。電話を誰がするのかも「わたしがする!」「ぼくがしたい!」と言って電話の取り合いだったが、実際電話をかけるとなると急にみんな尻ごみしてしまって「やっぱりぼくいい……」という具合。

しかしそのなかで勇気を出して「ぼく電話してみようか……」と祐人が言ってくれた。「すごい、祐ちゃん! よく勇気出してくれたねえ」と私もうれしくなって言うと、ちょっと照れながら祐人が電話してくれることになった。

でもやはり実際電話をかけるとても緊張して、祐人の顔がみるみるこわばって、「もし、もし、ちょっと、聞きたい、ことが、ある、のですが……」と声もうわずってしまった。それでもちゃんと「ありがとうございました」とお礼を言って、小人が片道バス代が百五十円いることを聞いてくれた。

それからは、祐ちゃんに続けとばかり、駅に汽車代をたずねたり、池田動物園へ入場料をたずねたり、がんばって挑戦する子が出てきた。大樹もがんばって岡山駅から池田動物園までのバス代と時刻をたずねるため電話をかけてくれたのだが、電話の相手が出たとたん、聞くことを忘れてしまって半分泣きべそ……。そんなとき、固唾《かたず》をのんで、まわりで見守っていた子どもたちが、小声で大樹に教えてくれるという場面もあった。

この電話のやりとりは、普段、友達と電話をかけ合うのとは違い、正しい電話のかけ方に気づいたり、相手の方にものをたずねるという応対の仕方について実感することができたように感じた。

調べたり、教えていただいた時刻は、部屋の時計を壁からおろして、どのくらいバスや汽車に乗るのか時計の針を動かして、バスや汽車の時刻を決めていった。

【行き】

清龍寺（九時三分発）→（バス）→津山駅（九時三十九分発）→（汽車）→岡山駅（十時四十四分発）→（バス）→池田動物園

【帰り】

池田動物園（二時発）→（バス）→岡山駅（二時四十分発）→（汽車）→津山駅（三時五十分発）→（バス）→清龍寺

十一月十七日

昨日調べた料金がいくらかかるのか、いよいよ数えてみることになった（津山駅までバス代百五十円、汽車料金は団体割引きがきくことがわかり、一人三百七十円と急行券三百六十円、岡山駅から動物園までバス代百円、池田動物園の入場料が二百円）。お金を頭のなかで考えるのは少しむずかしいので、お買い物ごっこで使ったお金を出してきて足してみることになった。「百円、二百円……」と、順に数えていくが千円を越すとわからなくなってしまう。それに、それぞれがあちこちで数えるので余計わからなくなる。そこでグループに分かれて再び数えることにした。「あーっ、わからなくなったぁ」とそれぞれのグループから聞こえてきて頭をかかえていたが、そのうち「これだけが千円で……。あっ、これ、さわっちゃいけないんだよ！」と大樹が百円十枚を一つのかたまりにして数える方法を考え出した。百円十枚のかたまりが千円なので千円札と交換し、わかりやすくした。千円が二つで二千円と百円玉が一個で百円、十円玉が六個で六十円で二千百六十円かかることがわかった。

いくらかかるのかわかったものの、今度はこの「二千百六十円」という大金に、ためいきの出る子どもたちだった。「みんな池田動物園まで二千百六十円もかかるんだって……どうする？」とたずねると、「高いなぁ……」「お母さんに頼んでみようか」「ぼく、お年玉持ってるよ！」といろいろ意見が出た。「でもねぇ、お年玉はみんなが大切に貯金しているものだけどいいのかなぁ？」「う……ん、だめ」「お母さん、貯金してあるのは使っちゃだめって言うもん」ということだった。

池田動物園へ行きたい！という子どもの一言ではじまったこの計画は、「バスや汽車に乗るという経験をさせてあげたい」という思いのほかに、「お金の大切さ、お金を手にするということがどんなに大変かということを体験を通して気づいてほしい」という思いではじまったものだった。そこで、園長先生や他の先生たちとも相談し、このお金を手に入れることも、子どもたち自身で、と決めた。

「お金を自分たちで」という考えに、はじめ「えっ？　そんなことできるの？」と驚く子どもたちだったが、発表会の日のバザーでクッキーを焼いて売っていたのを思い出したのだろうか、

「クッキー焼いて売ろうよ！」という声が上がった。ほかにも、家で肩たたきやお手伝いをしてお金をもらってくるという声も上がった。どれも子どもたちなりに一生懸命に考えて「池田動物園に行きたい！」という気持ちが伝わってくるようだった。しかしクッキーを焼くという作業だけで簡単にお金が手に入っては、お金の大切さやお金をもうけることがどんなに大変なことなのかを感じることができないと思った。なるべく苦労して、困って、そしてやっとお金を手にしてこそお金の大切さが身にしみてわかるのでは、いやわかってほしいと思った。

そこで少し押しつけになるかなと思ったが、「クッキーづくりは材料を買わないとだめだよねぇ。そのお金がないんだけど……」と言ってみた。「あっ、そうか……」と落ち込む子どもたち。「材料を買わなくてつくれるものがあるんだけど」と言うと、みんなの目がキラリッと光った。「そのかわり、すごく大変で、何円で売れるのかわからないけどやってみる？」と、ちょっと意地悪だが聞いてみた。それでも、「うん」「やってみる！」とみんなの意気込みはすごいものだった。

私は、子どもたちに「エンピツ立てづくり」を提案した。

材料は空びんと新聞紙。

①新聞紙を小さくちぎり水を加えどろどろにする。

②小麦粉のりをつくり、①の水をよくしぼったものと混ぜ、紙粘土をつくる。

③空きびんに紙粘土をつけ、形をつくり、よく乾かす。（二、三週間）

④ニカワを湯せんにして溶かし、胡粉《ごふん》（日本画に用いる白色の顔料）を入れ真っ白になるまで練る。

⑤③でつくったエンピツ立てに、ニカワと胡粉を混ぜたものを塗り乾かす。

⑥エンピツ立てにエンピツで下絵を描き、絵の具で色を塗る。

⑦ニスを塗る。

以上である。口で言うのは簡単だが、全部行うのはなかなか大変だ。でも子どもたちのやる気を信じたい。明日からさっそく材料集めをはじめることにした。

十一月十八日

「おはよう！　空びん持ってきたよ！」「新聞持ってきた！」と、さっそく、手に手に空びんや新聞紙をさげて登園してきた。やる気満々だ。それでもまだまだ新聞、空びんの数は十分ではないので、クラス全員そろうとさっそくポスターづくりをはじめた。

『しんぶんしとびんをおねがいします』って書いたらいいかな」と恵利、和博、祐人らが中心になってポスターを書いていた。『ジャムのびん』って書いたほうがわかりやすいんじゃない」と茂也。間違えたら困るからとわざわざエンピツで下書きし、その上をカラフルなクレヨンで色づけしたり、文章を考えたりといろいろ工夫したポスターができあがった。できあがったポスターは、送り迎えに来るお母さんたちによく見えるところを選んで貼っていった。貼ったポスターは、ゆがんでいないか、よく見えるか、少し離れたところから眺めたりしながら慎重に貼っていく。よく見てみるとお迎えにこられたお母さんが一番目につくゲタ箱の上の窓や、目線の高さを考えて貼っていた。

またお迎えに来たお母さん方に、「新聞紙と空びんがあったら持ってきてください」と言ってお願いしたりしていた。子どもたちのこの熱意が伝わったのか、二、三日もしないうちに大量の新聞紙と五十個ほどの空びんが集まった。

十一月二十二日

材料がそろったので、今度は新聞紙をこなごなにして紙粘土をつくる番だ。バケツを持ってきてそのなかに新聞紙をちぎっては入れ、ちぎっては入れしていく。しかし、一枚ずつビリビリやぶっているのでなかなかバケツがいっぱいにならない。そのうちいら立って何枚も重ねて新聞紙をちぎろうとすると、今度は固すぎてちぎれない。「あーっ、もうなかなかいっぱいにならないなぁ」と何度もバケツのなかをのぞき込みながら作業をする。簡単そうに見えて、実はなかなか大変だ。そのうちハサミを取り出してくる子も出てきて、ハサミで切る子、手でちぎる子、せっせと細かくしていった。

ある程度バケツにたまると、今度は水を加え練る。洗濯機のようにぐるぐる手でまわすグループ、たっぷり水を入れるグループ、にぎって団子のようにするグループ等々、四つのバケツのグループがさまざまな方法で取り組みはじめた。

「ねぇ、本当にこなごなになるの?」ぐるぐるかきまわしているだけのバケツはなかなかこなごなにならない。水をたっぷり入れているところも新聞紙が水の中をフワフワ泳いでにぎれないのでなかなかこなごなにならない。「わぁー、手真っ黒になっちゃったぁ！」と袖口をぬらし、服に新聞紙のかけらをつけながら、そんなことおかまいなしに混ぜ続けていく。

そうこうするうちに「あーっ、こなごなになってきた！」と奈緒たちのバケツが騒がしくなった。「えっ、見せて！」とみんなでのぞき込んでみると本当にどろどろになっている。「ちょっとさわらせて」とそれぞれ手をつっこんでさわらせてもらうと、「わぁ〜、気持ちわるぅ〜!!」「ぬるぅっとする」と、キャーキャー言って大騒ぎ。

でも、本当に新聞紙がこなごなになることがわかったので、子どもたちも元気が出てきたようだ。どうやったらそんなふうになるのか奈緒たちにたずねると、「こうやってぐちゃぐちゃにぎるんだよ」と、身振り手振りで教えてくれた。

それに奈緒たちのバケツはちょうど新聞紙がかぶるぐらいの水しか入れていなかった。

それぞれに自分たちのバケツに戻ると新聞紙をもう少し加えてみたり、もみ方を変えてみたりと、再度挑戦。しばらくすると、どこからともなく、「ぐっちゃ、ぐっちゃ、ぐっちゃ〜」「おいっちにぃ、おいっちにぃ、ぐちゃ、ぐちゃ、ぐちゃ……」とメロディのついた歌ともかけ声ともわからないような節つきのかけ声が生まれ、部屋中大合唱になっていった（確か去年この活動をしたときもこんなふうに歌をうたっていたことを思い出した。子どもたちって本当おもしろい）。リズムにのってか、だんだん上手になってきて、こなごなにする時間が短くなってきた。できたものは乾かないように、小プールに入れためていくことにした。

十一月二十四日

先日に引き続き、新聞紙をちぎっては水でこなごなにしていく。どのバケツのグループもだいぶコツをつかんだようで、水を必要以上に入れているところはない。こなごなにするペースも速くなってきて、競争のように小プールに入れていくので、どんどん小プールがいっぱいになっていった。

十一月二十九日

小プールいっぱいになるまで新聞紙がたまったので、足りるかどうか不安だったが、次の段階の小麦粉ののりづくりをすることにした。コンロを部屋に持ってきての、のりづくりだ。最近では家でものりをこうやってつくることはないようで、小麦粉からのりができるなんて信じられないようだ。コンロにおなべをかけ一人ずつ代わりながら、しゃもじで混ぜていくと、だんだんどろどろになり、火山の噴火のようにあ

わがボッ！　ボッ！とはねる。やけどをしないように気をつけながら、こげつかないように混ぜるのも結構力仕事だ。「なんかだんだんしゃもじが重くなるみたい」と、額に汗しながらおなべ二杯の小麦粉のりをつくった。

つくったのりを見て和博が、「これなめてみよう」と指にちょっとつけてなめてみた。「うわぁ、まずい！」とおどけて見せる和博。和博をまねて何人かがなめてみた。「味がついてないからうまくない」「でも小麦粉と水だから食べても大丈夫だよね」と奈緒。「うん。小麦粉も食べ物だから。食べても大丈夫だと思うよ。おいしくはないけど……」と私が言うと、「じゃ、赤ちゃんにはこののり使ったらいいね」と奈緒。「だって、うちの妹も上手にのり使えないから、のりのついた手をなめることがあるから。でも、こののりだったら食べても大丈夫だもんね」と、とてもいいことに気づいた。「そうだ、赤組（三歳未満児クラス）さんが使うときは、こののりのほうがいいよねえ」「先生、赤組の先生に教えてあげようよ」とみんなも言ってくれた。すごい発見と、年少児を思う心に感激した。

のりができたので、午後からは小プールの新聞の水分を絞っていった。最初のうちは手ですくってぎゅっと両手でにぎれば水をしぼり出せたのだが、だんだん水のほうが多くなって、手ですくっても指の間から新聞がすりぬけてしまう。まだ小プールに新聞紙が残っているのに取れない。子どもたちもあれだけ苦労しただけに、このまま捨てるのは惜しいようで何度も手ですくってみている。そのうち「あっ！」と急に和博が走り出し、砂場からサラサラ粉をつくる目の細かいざるを持って戻ってきた。そしてきれいに水道で洗うと紙すきのように細かい新聞紙をすくっていった。これだと手ですくうより効果的だった。でもこのざるすくいも思ったほどたくさんは取れず、結構時間がかかった。部屋のなかに入っても、十一月という時期、ずっと水に手をつけての作業は辛いと思うのだが、最後まで根気強く行っていた。

水気をしぼった新聞紙に、小麦粉のりを少しずつ加えてよく練りこんでいく。「うわぁ、にゅるにゅるする」「気持ちわる～い」指の間からにゅうっと紙粘土が出てくる感触が気持ち悪いので、きゃあきゃあ言いながらも、バケツに頭をくっつけるようにしてみんなでよく練っていった。小プールにいっぱいあった新聞紙も水をしぼってしまうと、バケツに一杯半程にしかならない。あんなにがんばってこなごなにしてきたのに、たったこれだけ……。これだけで足りるのかなぁと少々不安をみんなかくしきれないようだが、のりを加え紙粘土をつくったので、あとは実行あるのみだ。

空きびんは、背の低いもの、口が広いもの、形が変わっているもの……と、それぞれに好きなびんを二つ選んで紙粘土をつけていった。紙粘土をたたくようにしながらびんにつけていく。しかし、紙粘土はやわらかく、ちょっと力を入れて持つと形がゆがんだり、たくさんつけると今度はべろーんとはがれたり……。そうっと力を入れないように大事に持ちながら形を整えていく。乾かすために、ひっくり返したイスの足にびんの口を入れてからも、紙粘土がずれて口のほうに落ちてくるので、何度もなであげ形を整えて、自分のエンピツ立てのそばにしゃがみこんで眺めている姿も見られた。いつもはすぐにあきらめて投げ出してしまう祐人も、今日は投げ出さず取り組んでいる。小さいジャムのびんだったが、みんな一個をつくるのがやっとだった。

十一月三十日

朝来ると、さっそく、来た子から昨日の続きをはじめていく。廊下に乾かしてある自分のエンピツ立てもどうなったか気になるらしく、朝来ると一番に見に行ったり、ときどき様子を見に行ったりしている。昨日欠席していた茂也も二個つくりあげ、合わせて三十二個(うち二個は保育士の)のエンピツ立てが廊下に並んだ。新聞と空びんで本当にできるのだろうか……と最初は不安と疑問(?)を抱いていたらしい子どもたちも、形としてでき上がったのでとてもうれしそうだ。

二月六日

発表会等々の行事があり、のびのびになっていたエンピツ立てづくりを再開した。以前から「先生、もうよく乾いているよ」「ねぇ、もういいんじゃない」と待ちに待っていたので、みんなはりきっている(待ちくたびれていたかも……)。

部屋にコンロを持ってきて棒状のニカワを湯せんにして溶かす。ニカワなんて見たことも聞いたこともないものなので、子どもたちは興味津々だ。そのうち少しずつニカワが溶け出し、独特のにおいが。「うっわぁ、くっさぁい!」「うへっ、変なにおい……」と言いながらも、コンロから離れていく子は一人もいない。

溶かしたニカワに胡粉《ごふん》を入れ、真っ白になるまでしっかり混ぜる。少し混ぜたときのきなりのような白が、よく混ぜると本当にきれいな白色になった。一度エンピツ立てに塗っただけでは、下の新聞紙の地が見えてきれいではないので、重ね塗りをしていく。また、下にエンピツ立てを置くとせっかく塗った胡粉がくっついて取れたり、乾いてないのに手で持つと手に胡粉がくっついて取れたり……となかなか思うようにいかない。

このエンピツ立てづくりについては、つくるまえから「売り物である」ということを子どもたちによく言い聞かせてきた。商品であるからには妥協は許されない。胡粉がはがれたところは、また塗って直し、直している間にはがれたところもまた塗りと、真っ白なエンピツ立てになるまで、手を真っ白に染めながらつくった。乾くとよりいっそう白くなって、だんだんエンピツ立てらしくなってきた。

二月二十二日

いよいよ絵を描く番である。本や図鑑を見たりして図柄を考える子。どんな絵、模様にしようかと頭をかかえる子、とさまざまだ。まず最初に描きはじめたのは、奈緒、美久、恵利の女の子たち。三人とも女の子らしく花や家、鳥など、かわいらしい絵を描いている。図鑑を見てかぶと虫を描くことに決めた和博は、かぶと虫の足を細かい部分まで詳しく描いていて、色を塗るのがむずかしんじゃないかと心配。最後まで悩みに悩んだ大樹も細かい変わった模様を熱心に描きはじめた。それぞれ悩んだものの、子どもらしい模様を描いている。

私も一緒に絵を描いてみたが、やっぱり子どもの絵には負ける……。

二月二十四日

色つけは、細い筆を選んで慎重にしないとはみ出しそうだ。奈緒、美久、真琴は息を止めるようにして塗っている。少しでも友達がそばを通ったりして机が揺れたりすると、「ちょっと！ゆらさないで！」と怖い顔でにらんでいる。それだけ真剣につくっているのがわかる。細かい足を描いた和博もはみ出さないように必死だ。はみ出してしまったところは絵の具が乾くまで待ってからもう一度胡粉を塗って直し、また色を塗ってと手間がかかる。ときどき、「はぁ～っ」と大きくため息をついては、また色を塗っている。小さいびんの上、表面がわりにざらざらしているので色もつきにくく、丸いびんを片手にもって塗るので手がふるえると、すぐはみ出してしまうので大変だ。

このあと、二十四日から三月六日までかかってやっとニスを塗って仕上げるところまでできた。白地に絵が浮き上がっているもの、模様をぎっしり描いてあるもの、それぞれ特徴があってとてもすてきだ。「先生、ぼくの見て！」とほかのクラスの先生を呼んできて見てもらったり、「お母さん！　わたしのつくったエンピツ立てこれよ！　見て、見て！」とお母さんの手を引っぱってきて見てもらったり、なんだか売るのが惜しいようだ。

三月六日

エンピツ立てができ上がったので、いよいよ売る番だ。どんなふうに売ったらよいかたずねると、「お店を出す」「よく見えるところがいいから、げた箱の近くにしよう」と机をテラスに運んでお店をつくるのがいいということになった。まずはお迎えに来るお母さんたちに見てもらって、買ってもらおうというわけだ。エンピツ立ての値段は買ってくださる方に決めていただくことに最初から決めていて、高い値段で買ってもらうためには、一生懸命、すてきなエンピツ立てをつくっていかなければいけないという気持ちでつくってきた。果たしてその気持ちがお母さんたちに通じるのだろうか。何円でもいいから買っていただけるといいなと思いながらも、今までの苦労を知っているだけに、せめて必要なお金分ぐらいは売れてほしい……とついつい思ってしまう。

お店はお迎えの時間に出すことになったが、いったいいくら売れれば動物園まで行けるのかということになった。一人が二千百六十円いることはわかったが、十五人分だと全部でいくらなのだろうか。今度は大金なので十五人分の足し算は子どもたちの想像を絶するもののようで、「えーっ、そんなのわからな～い」と投げやりだ。しかしこれがわからないとエンピツ立てを売っても、足りるか足りないかがわからない……。そこで落ち着いて数えてみることにした。「先生この間のお金貸して！」と買い物ごっこで使ったお金を出してきて、この間のように実際にお金を使って数えることにしたようだ。

一人ずつ、まず一人分の金額二千百六十円を手に持ち、それからそれを十五人全員が机に置き数えはじめる。「わたしたち、千円数える」「ぼくは百円数える」と手分けをして、数えることになった。百円玉は全部で十五枚あり、この間数えたように百円が十枚になると気づいて千円札と交換している。「千円と百円が五個だから、えっと千、百、二百、三百、四百、五百……。あっ千五百円だ」と千五百円をまとめて横によけている。一方、千円札のほうも「千、二千、三千、四千……十千円」と数えている。今まで十円や百円を数えているときにもあったのだが「百、二百、三百……十百」と数える子どもがいる。十円や百円はこれはおかしいということに気づき「百円が十個になったら千円」とわかったようだが千円はまだ気づけてないようだ。「あれ、なんだかその数え方変だねぇ」と女の子たちがした

ように数えてみた。

するとそれを見ていた大樹が「九千の次は一万って言うんだよ」と教えてくれた。千円が十枚になると一万円になるとわかり、「あっそうか！」「一万円になるのか」と女の子もうなずいている。千円札十枚の束が三つできたので全部で三万円ということがわかった。次は十円玉だ。十円玉は十個ずつ数えて百円玉と交換している。十円玉はちょうど全部百円玉と交換され九百円あることがわかった。この九百円と、百円玉を数えた千五百円とを足し、千円札二枚と百円玉四個で二千四百円、それに三万円、しめて三万二千四百円必要だということがわかった。三十二個のエンピツ立てを売って、果たしてお金が足りるのか、私はとーっても不安だったが、子どもたちは金額がわかっても、かえってすっきりしたようで、がんばって売るのだとはりきっている。

お迎えの時間が近づくとみんなソワソワしはじめ、さっそく店作りに取りかかった。机を三つほど運び、並べると、エンピツ立てをこわさないように気をつけながら並べていった。「あっ、お金を入れるレジがいるぞ」と気がついてお金を受け取るレジもできた。そこへ様子を見にB先生がこられ、「いよいよ今日売るんだね。まぁ、すてきなエンピツ立てが並んでるね。だけど、これでお客さんがよく見れるかしら？」と言われ、はっとした子どもたち。きれいに並べたのはいいけれど、きっちりくっつけて並べてあるので一つ一つがよく見えない。あわてて間を空けてよく模様が見れるように並べ直した。お店もできあがり「はやくお客さん来ないかなぁ」と子どもたちも落ち着かない。そこへ保育園へこられていた教材屋さんの手を引き、恵利と麻耶がやって来た。「おじちゃん、エンピツ立て買ってください」「池田動物園に行くのにお金がいるんです」とさっそくエンピツ立てを見てもらってお願いしている。麻耶は自分のつくったエンピツ立てを見てもらって熱心にすすめている。「そうか。すてきなエンピツ立てだからおじちゃんも買わしてもらおう」と快く千円で買ってくださった。「わぁ、千円札だぁ！」「おじちゃん、ありがとう!!」「ありがとうございました！」と、はじめてのお客さんにみんな感激して、千円札を大事に缶の中にしまった。

そのうちお迎えにお母さんたちが来られ出し、「いらっしゃいませ」と本物のお店屋さんのように愛里が頭をさげている。なかなか、好調な売れ行きだ。美久も一度家に帰ってから自分のおこづかい三百二十一円を持って愛里のエンピツ立てを買いに来ている。買ってくれた人に春菜は本当に深々と頭を下げて「ありがとうございます」とていねいにお礼を言っている。

三百円で買ってくださる方、千円で買ってくださる方とさまざまだったが、二十四個のエンピツ立てが売れ、売り上げは二万二千三十四円だった。

三月七日

残った八個のエンピツ立てをどうするかみんなで話し合った。「誰か買ってくれる人いないかなぁ」「大人の人がいるところがいいよねぇ」ということで、保育園の近くで大人の人がたくさんいるところを考えた。まず、子どもたちが思いついたのは農協だった。普段よく買い物に行っているところなのでよく知っている。さっそく、エンピツ立てを落とさないように大事に持って農協まで出かけていった。

「こんにちは。今日は何の用事かな?」とやさしく所長さんがたずねてくださった。「エンピツ立てを買ってください」「池田動物園まで行くお金がいるので買ってください」とお願いすると、「まぁ、自分たちでお金をもうけて動物園まで行くの! すごいなぁ。それじゃあ、おばちゃんも買わしてもらうから」と言ってくださり、八個のエンピツ立てをよく見て一つを選び千円で買ってくださった。「ありがとう!」「おばちゃんありがとう!」と何度もお礼を言い農協を出ると、すぐ近くにある公民館が目に入り、「公民館にも行ってみようよ!」と公民館へ行ってみることになった。しかし、公民館はシーンと静まりかえっていて戸にも錠がかかっている。どうやら留守のようだ。

がっかりする子どもたちを励ましながら小学校へも行ってみることにした。おずおずと職員室まで入って行くと教頭先生と二人の先生がおられた。小学校ということで少々緊張気味か農協でのような元気はなくなってしまい、お互いひじでつつきあって「おまえが言えよ」とあとずさりしてしまったが、なんとか「エンピツ立てを買ってください」とお願いすることができた。「おうおう。そうかそうか」と子どもたちの話をにこにこしながら教頭先生が聞いてくださり、エンピツ立てをじっくりながめて、かぶと虫の絵のついたものとストライプの模様がついたものの二つを買ってくださった。「あの先生いい先生だなぁ」「二つも買ってくれたねぇ」「あの先生、小学校の園長先生なんだよねぇー！」（ちょっと勘違いしている様子……）と帰りはすごくご機嫌で、お金を大事にぎゅっとにぎりしめ、飛ぶように帰ってきた。

お昼ごはんを食べて、部屋で遊んでいると理事長先生が「みんながつくったというエンピツ立てはどれかな？」と入ってこられた。

「これ。見て！」まだ自分のつくったのが売れてない美久は理事長の手をひっぱるようにしてエンピツ立てのところへ連れて行き見てもらっている。「これがかわいいなぁ」と一つを手にとって見られ「これを買おうかな」と言われた。「わぁ、それ美久がつくったんだよ！」と喜ぶ美久。「なかなかいいのをつくってるなぁ」そう言われるとポケットから財布を出し五千円札を！「えっ、おつりは？」と思わず聞いてしまった私でした。「五千円で買うよ」と気前よく五千円札を美久に手渡してくださり、帰っていかれた。大金にしばらく呆然としている私を尻目に、「すごい。美久のがすごいお金で買ってもらっちゃった！」と小躍りして喜ぶ美久。それを聞いたほかの子どもたちも「うっそぉ！　すごいね！」と大喜びで、さっそく今までの売り上げを数えてみると二万九千五百三十四円だった。

三月十日

先日、公民館に誰もおらず留守だったので、今日もう一度行ってみることにする。今回は公民館長さんがいて、じっくりエンピツ立てを見てくださり、一つ買ってくださった。ほかに残っていたエンピツ立ても「ほしい」と言ってくださるお母さんがおられ、全部売ることができた。全部の売り上げをドキドキしながら数えていった。ゆっくり慎重に数えていくと三万二千五百三十四円あった。必要な金額が三万二千四百円ですから、本当にギリギリセーフ！

お金が足りるとわかって小躍りして喜ぶ子どもたち。実は、お金が足りなかったときはどうしようと私はすごく悩んでいた。エンピツ立てが全部売れたからといってお金が足りるとは限らないのだから……。

すでに三月も半ば、卒園間近という時期を考えると、なんとしても連れて行ってやりたいという思いと、でもそう簡単にお金が稼げるとは限らないという現実を知ることも必要と。で、どうしたらよいかとものすごく悩んでいた。しかし（ちょっとできすぎた話のようだが）ギリギリ足りて、行けることになり、私もうれしくて、思わず子どもたちと手を取り合って喜んで大騒ぎしてしまった。

三月十三日

心配していた雨がやっぱり降ってしまった。雨が降ったり止んだりの最悪の天気だ。今日の日を待ちに待ってきた子どもたちは、リュックを背に何度も外へ出てみてお天気を心配している。「行けるかなぁ」「大丈夫かなぁ」「ぼく、かさ持ってきたから。かささして行こうよ」とすがるような表情で私を見つめる。私たちもどうしようかと悩んだが、県南と県北では天気が違うかもしれないので思い切って行ってみることにした。予定どおり行くことが決定すると、「やったぁ！」とさっそくリュックなどを背中にしょって準備万端です。「まだ出発までには時間があるから、そんなに急がなくても大丈夫よ……」とこちらが心配するぐらい今日はてきぱきと動いている。やっぱり楽しいことになると、こんなに動きが違うんだなぁ……と、日ごろの保育を反省する。

バスに乗り遅れないように早めに園を出発した。悪天候を吹きとばすかのように、「行ってきまーす!」「行ってくるね!」と大声で口々に言い、見送りの先生や子どもたちに手を振って出かけた。しかしバス停につくとまたまた雨がしとしと降りはじめてしまった。

雨が降るなか、バスを待つのは時間が長く感じられ、「こっちのほうからバスが来るんだろう」「まだかなぁ」と何度もバスが来る坂の上を眺めてはため息をついて待つという感じ。浩之のおばあちゃんが「雨が降って大変でしょう」とかさをたくさん持って見送りに来てくださり、かさのない子どもたちにかさを貸してくださった。バスが来るまでの少しの間だが、とてもありがたく感じ、子どもたちも同じ気持ちのようだった。

いよいよ、バスに乗って出発だ。もう、うれしくて、少々興奮気味のようだが、乗るときに取った整理券は、しっかりにぎりしめ落とさないよう気をつけているようで、落とそうものならあわてて拾っている。代金はそれぞれが財布に入れ持っている(落とさないように首からヒモでぶらさげている子、リュックのポケットに入れている子、上着のポケットに入れている子とさまざま)。バスには今までに何度か乗ったことがあるので駅が近づくと早々とお金を用意し、「先生、百五十円でいいんだよね」と何度も確認してにぎりしめていた。帰りのバス代も入っているので、間違えてお金をたくさん払ってしまったら、帰れなくなってしまう。慎重に料金箱にお金を入れ、運転手さんにお礼を言いながらバスを降りた。

バス停から駅までは道をはさんですぐ。バスから降りると、すぐ私かB先生のそばに集まり、今日はさっと行動ができている。この池田動物園に行くにあたっては、子どもたちに保育士が二人しかついて行かないこと、事故にあったりしたらどうなるかということはしっかり伝えて出発してきた。子どもたちも見知らぬ土地へ行くという緊張感もあるのだろう（いつもの散歩の様子からは想像もつかないような……）。自分たちで考え、自分たちなりに気をつけて行動しているようだ。

汽車は鳥取発の列車のため、鳥取から乗車している人が多くかなり混んでいた。どこも満席でしかたなく座席と座席の通路に一列に並び、しゃがんで行くことになった。岡山まで一時間ちょっと、座れないのはかわいそうだなぁと思ったが、子どもたちは全然気にしてないようで、となりの座席に座っている親切なお姉さんやおばさんたちと楽しそうにおしゃべりしたり、トンネルや外の景色を眺めたりと汽車の旅を楽しんでいた。そんな子どもたちの気持ちが天に届いたのか、車窓からの景色がだんだん明るくなり、岡山につくころにはすっかり雨もやみ、晴れ間も見えるようになっていた。

岡山の駅は列車から改札へ向けての人の流れに巻き込まれそうになりながら、みんなからははぐれないよう必死に歩いて行かなければならない（次に乗るバスの時間も迫っているので大変だった……）。バス停でも、保育園のまわりでは想像できないほどの交通量とバスの数の多さに呆然……。園のまわりは交通量も少なく、車のほうがよけて通ってくれるような歩行者天国で生活している子どもたちがびっくりするのは無理もない話だ。バスや汽車に乗ることだけでなく、人込みのなかを歩くことや交通量の多いところを歩くことも子どもたちにとっては貴重な経験になったと思う。

バスから降りるといよいよ池田動物園だ。十一時から二時までの約三時間しか池田動物園にいられない。もう、少しでも速く、たくさん見ようと門をくぐると、リュックを背おったままかけ出していった。

まず最初に子どもたちが興味をもったのは、ワニだった。まったく動こうとしないワニが動くのをじーっと眺めているのだが、ピクリとも

動かない（動物園を一通り見て戻ってきてもワニの体勢は変わっていなかった）。「死んでるんじゃないの？」と心配するほど動かないのだが、あきもせず、ずーっと見ていた。そのうち「あっ動いた！」という叫び声と同時にワニの口がワッと開いてすぐにパチンと閉じた。その後はまた先ほどと同じ体勢で動かなくなった。「口が開いたねぇ！」「びっくりしたなぁ」「生きてたんだ」とワニが動いたのが見られて大喜びする子どもたち。でもあまりのワニの動きの速さに見損なった子どももいて「見れなかった！」とものすごくくやしがっていた。限られた時間のなかだったが、「あっちも見に行こう！」「こっちも見て！」とすべての動物を見てまわり、ヤギにエサをあげたりレッサーパンダの前では記念撮影をしたりなど、大はしゃぎの子どもたちだった。

三時間という時間はあっという間に過ぎてしまい、バスに乗って帰る時間が近づいてきた。バス停でバスを待ちながらも、「もう帰るの……」「楽しかったなぁ」「また来たいなぁ」を連発して、とても名残り惜しそうにしていた。静香も「先生、絶対またみんなで来ようね」と何度も言っていた。

本当に今日の日が子どもたちにとって特別な日になったのだなぁとつくづく感じて、私も本当にこの子どもたちと一緒に来られてよかったと思った（卒園式の日一番思い出に残ったことを一言ずつ話したのだが、この池田動物園へみんなで行ったことを話す子どもがたくさんいた）。

帰りはさすがに疲れたのだろう。汽車のなかでうとうとと眠ってしまった子もいた（帰りはみんな座れた)。朝早くから初体験の連続でずいぶん緊張もしていたのだと思う。私たちもとにかく事故があっては大変と思って一日過ごしたが、何の事故もなく「あとはバスに乗って帰るだけだ」とほっと一息つきながら駅の改札を抜けバス乗り場へとやってきた。

そのとき、「先生……ぼくの財布がない」と利久。「えーっ、どこに財布入れといたの。どこかに入ってるんじゃない？　もう一度見てみよう」と言いかばんのなかをよくさがしてみたが見つからない。「ポケットは?」と、ズボンや上着のポケットをさがしてみてもない。利久の話では、汽車の中で次はバスに乗るからと思って財布を上着のポケットに入れておいたのだというのだが、そのポケットは上が少しほつれていてすぐ財布が落ちてしまいそう。「もしかしてどこかで落としたのかなぁ……。ねぇ、誰か利久くんの財布知らない?」とみんなにたずねてみた。

「知らない……」「どうしたの？　財布がないの?」と心配してくれるなか、「ぼく、知ってるよ」と和博。

「えっ、どこにあったの?」

「あのね、汽車のイスのところに落ちてたよ」

「えっ、本当それでどうしたの?」

「それからは知らない」

「えーっ、何で拾ってくれなかったの!」

「だって、利久くんが拾うと思ったんだもん……」

和博の話が本当だとすると財布は汽車のなか、今ごろ鳥取へ向かって出発しているころだ。そうこうするうちに、バスの出発時刻は近づくし……でどうしたらいいのかという思いと、何で最後の最後になって……という思いで頭をかかえたくなった。しかしこんななか、利久はまるで他人事のような表情で（どうにかなるだろう）という感じだ（これじゃいけない!!）。今日は朝から一日疲れているし、ここから園までの距離を考えても歩いて帰るには……と思って迷っていたが心を鬼にすることにした。

ほかの子どもたちはとりあえずB先生とバスに乗ってもらい、私と利久だけはお金がないので歩いて帰ることを利久に伝えた。はじめは「うそ！」という表情だったが、みんなで稼いだお金はぎりぎりだということもわかっていたので、だんだん表情が固くなっていった。バスに乗っている子どもたちも「利久くんどうなるの？」「ねぇ、どうするんだろう」とものすごく心配していたようだ。とうとうバスは出発してしまい、歩いて帰る私たち二人の横を窓から心配そうに見つめる子どもたちのバスが通り過ぎてしまった。

バスも行ってしまい、利久も覚悟を決めたのか、黙ったまま私の手をぎゅっとにぎりただもくもくと歩いて行く。「お金がないとバスに乗れないもんね……。がんばって歩いて帰ろう」と声をかけても、「うん」と言うだけでそれ以上の返事が返ってこない。

そのうち雨がポツポツ降りはじめ、風も冷たく感じられるようになった。「寒くない？　かささそうか？」とかさを出し、二人でかさに入って歩きはじめたが、やっぱり沈黙でただただ歩き続けていた。ときどき声をかけても、「うん」とか、「うん、だいじょうぶ」とか返ってくるだけで、ほとんど二人とも何もしゃべらず歩いていった。そのうちイーストランドが見えてきはじめた。（とうとうここまで歩いてきたなぁ。もうみんなは園に着いただろうか……）と、二人とも心細くなってきた。利久も黙ってもくもくと歩くので歩くスピードも速く、約一時間でマクドナルドまで歩いてきた。マクドナルドまで来ると見慣れた車が止まっていた。今日は一日疲れているからと心配してB先生が迎えに来てくれていたのだった。利久もB先生の顔を見るとやっとほっとした表情になった。

普段から少しおっとりしたところがあり、今までにあまり困った経験もなかった利久。今日のことはものすごくショックな出来事だったようだった。このことが、どのように利久に響いてくれたのだろうか。

それからしばらくして美作の丘までバスに乗って行くことがあったが、そのときは、ものすごく大事にお金をにぎりしめ、決してお金を落としたりすることのない利久だった。

（中上　由紀子）

解説

▼人生の縮図を子どもたちの願いの実現のなかで経験していく▲

動物園に行きたい、というところから、実際に行くまでの計画と実行の一大プロジェクトが展開されます。子どもではとうていできない規模ですが、保育者と子どもたちのやりとりのなかで子どもたちの力が発揮され、またいろいろなことを学びつつ、進んでいきます。二か月の合間があるものの、実に、足かけ四か月に渡る活動です。この子どもたちの大冒険を追ってみましょう。

動物園は遠い町にある。どうやって行ったらよいだろう。観光バスがある。それは高いからできない。園長先生が路線バスがあると言ってくれる。バス停の時刻表を読んでみる。どこにあるか地図で見つける。汽車に乗っていくのだ。本の時刻表を教わる。料金を調べるのに電話することに気がつく。電話帳を見る。実際に電話して料金をたずねる。時計を見つつ、乗る時刻を決める。料金が合計でいくらかを計算するのに、買い物ごっこのお金を使う。

お金を稼ぐためにエンピツ立てをつくることにする。紙粘土をつくる。これが大変だった。紙を切り、どろどろにし、小麦粉ののりをつくり、空きびんに貼りつける。乾かして、にかわや胡粉《ごふん》をつけ白くして、絵を描き、色づけをする。お店を開き、親や農協や小学校、公民館などの人たちに買ってもらう。必要な合計金額を苦労して数えると、三万円を越したが、何とかその額くらいになった。

いよいよ動物園に行く。バスに乗り、汽車に乗り、再びバスに乗り、動物園だ。その間、各自がお金を大事に持って歩く。あとは帰るだけ。ところがここで事件が発生する。一人の子どもが財布を落として、帰りの最後のバス代がない。保育者は決断する。その子と保育者とで駅から園まで歩いて帰ったのである。

ここで、何より、保育者の子どもたちに普段経験できないことを体験してほしいという思いが印象的です。楽にすればできることをあえてしないで、大変さを子どもに味わい、感じ取ってほしいと願います。子どもたちがやりたいと思うことを受け止めつつ、その都度、決断し、子どもの経験を豊かにしていきます。もちろん、子どもたちだけでできることではありません。いろいろなところで保育者は援助します。問いかけ、手助けし、対話し、挑発していきます。

現実での長い時間をかけての課題に取り組んでいます。最初の見通し以上のことが次々に生じ、子どもと保育者がともになってその困難を克服していきます。その過程で、多くのことを子どもたちは学びます。時刻表や電話帳の読み方、地図の見方、電話のかけ方、お金の体系(百円十枚で千円など)、等々の生活のなかの実務的なことに触れます。願ったことが簡単には実現できないこと、でも努力すれば最後には適うこと、でも、好い加減にやっていれば、その結果の責任を取らねばならないこと。まさに人生の縮図を子どもたちの願いの実現のなかで経験していくのです。

あとがき

本吉先生の保育実践記録を読み、その意義を考察するという仕事は、実に楽しくもあり、しかし苦労を伴うものでもありました。楽しいことは、まだ原稿のうちから先生の実践の記録を読めることであり、しかもその記録が、先生の話されるその口調が聞こえてくるような生き生きとしたものだからです。また、保育について再考を迫られ、そして事例を見直していくうちに、そうかなるほどと見えてくることがいくつもあることです。

苦労することは、そのわかってきたと思えることを言葉にどうしたらよいのかということです。そして、しばしば、一見したところの行動では思いがけないことをしたり言ったりする先生の実践をどうとらえたらよいのだろうと頭を悩ますことです。

それを越えていくのは、私の場合、事例に出てきている子どもの気持ちを想像し、そしてその子どもが今後どのように育っていくのだろうかと考えてみることです。放り出されたままだったら、この子はどうなっていくのだろうか。ここで時に厳しく、時に包容するような先生の働きかけがその子の成長にある方向をつくりだします。それは何なのでしょうか。

その子どもに直面した先生の気持ちにも立とうと試みます。何に怒り、何をうれしく思ったのか。その気持ちのさらに奥に、どのような見通しをもっているのか。もとより、私にそんなことがわかるはずもありませんが、でも、想像することは許されるでしょうし、実践事例を読んでいくにつれ、そのような想像をどうしてもせざるを得なくなります。

「本吉保育論」があることは確かです。そこから、どこまで保育実践全般に通じる「保育学」としての知見を引き出せるか。単に本吉先生という名人的な技量の持ち主の実践に驚嘆するだけでなく、わずかであっても、他の保育者が使えるような、そして保育の原則に通じるような何かを引き出したいと念願しています。いくつもの事例について、何度もチャレンジし、その都度、跳ね返されてきたように思います。そのわずかな成果をここでみなさんに披露するしかありません。

お許し頂いた本吉先生に感謝申し上げます。私には実によい保育実践学入門の訓練となりました。また、そのような場を出版につなげていただいた萌文書林の服部さんにもお礼いたします。

後は、この練習帳のような私のコメントが、本吉先生の事例の刺身のつま程度でも読者の参考になることを願っています。何も正解とか、これが本吉保育の神髄だなどと申し上げる気はありません。私なりの読み取り方を例示しただけのことです。後は、読者一人一人が事例を読み、自分なりに考えてみて、本吉先生は何を目指そうとしているのかをとらえ、そして自分の保育と保育実践研究に引き戻していけばよいのだと思います。

（無藤　隆）

著者紹介

本吉《もとよし》 圓子《まとこ》

東京都出身。東京家政学院卒業。東京都の公立保育園の園長、大妻女子大学・宝仙学園短期大学等の講師を経て、現在、生活保育内容研究会代表。子どもの生活体験を重視し、子どもの主体性の育ちを求める「生活保育論」を展開。

【著書】『私の生活保育論』(フレーベル館)、『子どもの育ちと保育者のかかわり』(萌文書林)他多数。

無藤《むとう》 隆《たかし》

東京都出身。東京大学教育学部卒業。同大学院教育学専攻科博士課程中退。お茶の水女子大学家政学部助教授、同子ども発達教育研究センター教授を経て、現在、白梅学園大学教授。専門は、発達心理学、幼児教育・保育。

【著書】『早期教育を考える』(NHK出版)、『知的好奇心を育てる保育』(フレーベル館)他多数。

事例協力者

中上由紀子	源　証香	河原昌津美
高橋美雅子	小田真由美	遠田明美
渡辺八潮		

装幀 ● レフ・デザイン工房
イラスト ● 山岸　史

生きる力の基礎を育む保育の実践

2004年5月15日　初版発行
2015年6月30日　第4刷

著者© 本吉圓子
　　　無藤　隆
発行者　服部直人
発行所　㈱萌文書林
〒113-0021　東京都文京区本駒込6-25-6
TEL(03)3943-0576　FAX(03)3943-0567
URL:http://www.houbun.com
E-mail:info@houbun.com

〈検印省略〉
印刷/製本　シナノ印刷㈱

ISBN 978-4-89347-082-9 C3037